150 Jahre Gesetzgebung in Deutschland

Martin H. W. Möllers

150 Jahre Gesetzgebung in Deutschland

Entwicklungen des Gesetzgebungsverfahrens von der konstitutionellen Monarchie 1871 bis zur parlamentarischen Demokratie 2021

Martin H. W. Möllers
Heringsdorf in Holstein, Deutschland

ISBN 978-3-662-65189-6   ISBN 978-3-662-65190-2 (eBook)
https://doi.org/10.1007/978-3-662-65190-2

Die Deutsche Nationalbibliothek verzeichnet diese Publikation in der Deutschen Nationalbibliografie; detaillierte bibliografische Daten sind im Internet über http://dnb.d-nb.de abrufbar.

Springer
© Der/die Herausgeber bzw. der/die Autor(en), exklusiv lizenziert an Springer-Verlag GmbH, DE, ein Teil von Springer Nature 2022
Das Werk einschließlich aller seiner Teile ist urheberrechtlich geschützt. Jede Verwertung, die nicht ausdrücklich vom Urheberrechtsgesetz zugelassen ist, bedarf der vorherigen Zustimmung des Verlags. Das gilt insbesondere für Vervielfältigungen, Bearbeitungen, Übersetzungen, Mikroverfilmungen und die Einspeicherung und Verarbeitung in elektronischen Systemen.
Die Wiedergabe von allgemein beschreibenden Bezeichnungen, Marken, Unternehmensnamen etc. in diesem Werk bedeutet nicht, dass diese frei durch jedermann benutzt werden dürfen. Die Berechtigung zur Benutzung unterliegt, auch ohne gesonderten Hinweis hierzu, den Regeln des Markenrechts. Die Rechte des jeweiligen Zeicheninhabers sind zu beachten.
Der Verlag, die Autoren und die Herausgeber gehen davon aus, dass die Angaben und Informationen in diesem Werk zum Zeitpunkt der Veröffentlichung vollständig und korrekt sind. Weder der Verlag, noch die Autoren oder die Herausgeber übernehmen, ausdrücklich oder implizit, Gewähr für den Inhalt des Werkes, etwaige Fehler oder Äußerungen. Der Verlag bleibt im Hinblick auf geografische Zuordnungen und Gebietsbezeichnungen in veröffentlichten Karten und Institutionsadressen neutral.

Planung/Lektorat: Laura Hofmann
Springer ist ein Imprint der eingetragenen Gesellschaft Springer-Verlag GmbH, DE und ist ein Teil von Springer Nature.
Die Anschrift der Gesellschaft ist: Heidelberger Platz 3, 14197 Berlin, Germany

Vorwort zur ersten Auflage

Erstmals in der Geschichte entstand während des Deutsch-Französischen Kriegs ein deutscher Nationalstaat mit der Gründung des Deutschen Kaiserreichs zum 1. Januar 1871, als die neue Verfassung wirksam wurde.[1] Ausgangspunkt war die erst am 18. Januar 1871 durchgeführte Proklamation des preußischen Königs Wilhelm I. zum Deutschen Kaiser im Spiegelsaal von Versailles, die in Form eines wenig spektakulären, geheim vorbereiteten militärisch-höfischen Zeremoniells inszeniert worden war.[2]

Seit 1871 nimmt daher die Gesetzgebung in Deutschland ihren Anfang. Das Buch will aufzeigen, dass die Grundlagen der heutigen demokratischen Gesetzgebung ihre Wurzeln bereits in der konstitutionellen Monarchie des Kaiserreichs hatte. Das Verfahren der Gesetzgebung war im Kaiserreich vordemokratisch ausgestaltet und hat sich weder in der Weimarer Republik noch in der Bundesrepublik Deutschland wesentlich verändert.

Das Gesetzgebungsverfahren war für Reichsgesetze, die vor 150 Jahren in Berlin ihren Anfang nahmen, in der Reichsverfassung verbindlich festgeschrieben. Dasselbe gilt auch für das Gesetzgebungsverfahren von Reichsgesetzen, die vor 100 Jahren in Weimar erstmals demokratisch zustande kamen. Die Weimarer Reichsverfassung schrieb das Verfahren verbindlich vor. Allerdings fand dieses Verfahren schon nach 14 Jahren im Nationalsozialismus ihr Ende. Für Bundesgesetze, die seit über 70 Jahren bis heute verabschiedet werden, ist das Gesetzgebungsverfahren im Grundgesetz festgeschrieben. Die Ausgangssituation ist daher jeweils gleich.

Es änderte sich jedoch, wer an den Verfahren offiziell und wer faktisch beteiligt war und noch ist und welche politischen Einflussnahmen auf die Gesetzgebung zu konstatieren sind. Dies will das Buch dokumentieren und unter anderem aufzeigen, dass insbesondere der Mangel an Transparenz der Zusammenarbeit von Exekutive und Legislative mit Lobbyisten dazu führt, dass viele Gesetze einzelne Bevölkerungsgruppen oder Wirtschaftszweige bevorzugen.

---

[1] Kotulla (2008), S. 522.
[2] Vgl. Ostermann (2009), S. 25 Fn. 152; Craig (2006), S. 50; Schwengelbeck (2007), S. 307.

Literatur

Craig GA (2006) Deutsche Geschichte 1866–1945. Vom Norddeutschen Bund bis zum Ende des Dritten Reiches, 3. Aufl. C. H. Beck, München
Ostermann T (2009) Die verfassungsrechtliche Stellung des Deutschen Kaisers nach der Reichsgründung von 1871. Peter Lang, Frankfurt am Main
Schwengelbeck M (2007) Die Politik des Zeremoniells. Huldigungsfeiern im langen 19. Jahrhundert. Campus, Frankfurt am Main

Heringsdorf i. H., Deutschland Martin H. W. Möllers
Dezember 2021

Inhaltsverzeichnis

1	**Einführung zu den Funktionen von Gesetzen und zur Entstehung der deutschen Verfassungen**	1
1.1	Einführung zu den Funktionen von Gesetzen	1
1.2	Die Entstehung der ersten Verfassung eines deutschen Nationalstaats: die Deutsche Reichsverfassung (RV)	2
	1.2.1 Ungleiche Kräfteverhältnisse innerhalb der gesetzgebenden Verfassungsorgane	3
	1.2.2 Ungleiche Kräfteverhältnisse zwischen den beiden gesetzgebenden Verfassungsorganen	5
	1.2.3 Keine vollständige Gewährleistung von Grundrechten im Rechtssystem des Kaiserreichs	6
1.3	Die Ausgangssituation für die Entstehung der Weimarer Reichsverfassung (WRV)	8
1.4	Die Ausgangssituation für die Entstehung des Bonner Grundgesetzes (GG)	9
	Literatur	9
2	**Die verfassungsmäßige Basis der Gesetzgebung**	13
2.1	Die Organisation des Gesetzgebungsverfahrens im Kaiserreich als verfassungsmäßige Basis der Gesetzgebung	13
	2.1.1 Bindungen und Funktionen der Gesetzgebung im Kaiserreich	14
	2.1.2 Formen von Gesetzen im Deutschen Reich	14
	2.1.3 Anlässe für Gesetzesvorhaben und die Urheber der Gesetzentwürfe	16
	2.1.4 Die Bindungswirkung bei Gesetzen im Deutschen Kaiserreich	17
2.2	Die verfassungsmäßige Basis der Gesetzgebung in der Weimarer Republik	17
	2.2.1 Bindungen und Funktionen der Gesetzgebungin der Weimarer Republik	18

		2.2.2	Formen von Gesetzen in der Weimarer Republik 19
		2.2.3	Anlässe für Gesetzesvorhaben in der Weimarer Republik und die Bindungswirkung in der WRV 20
	2.3	Die verfassungsmäßige Basis der Gesetzgebung im Bonner Grundgesetz... 21
		2.3.1	Bindungen und Funktionen der Gesetzgebung im demokratischen Verfassungsstaat....................... 21
		2.3.2	Formen von Gesetzen nach dem Grundgesetz............. 23
		2.3.3	Anlässe für Gesetzesvorhaben nach dem Grundgesetz 24
	Literatur.. 24

3 Die Träger der Staatsgewalt und ihre Gesetzgebungskompetenz...... 27
   3.1 Die Träger der Staatsgewalt des Reichs und ihre Gesetzgebungskompetenz nach der Verfassung des Deutschen Reichs... 27
      3.1.1 Die Gesetzgebungskompetenz des Reichs................ 28
      3.1.2 Die Gesetzgebungskompetenz der Bundesstaaten.......... 29
      3.1.3 Der Verlust von Gesetzgebungskompetenz der Bundesstaaten an das Reich........................... 30
   3.2 Die Träger der Staatsgewalt der Weimarer Republik und die ausschließliche, konkurrierende und sonstige Gesetzgebungskompetenz nach der Weimarer Reichsverfassung 31
      3.2.1 Ausschließliche Gesetzgebungskompetenz............... 32
      3.2.2 Konkurrierende Gesetzgebungskompetenz 33
      3.2.3 Gesetzgebungskompetenz zur „Bedarfsgesetzgebung"...... 33
   3.3 Die Träger der Staatsgewalt der Bundesrepublik Deutschland und die ausschließliche, konkurrierende und sonstige Kompetenz zur Gesetzgebung nach dem Bonner Grundgesetz 34
      3.3.1 Die Staatlichkeit von Bund und Ländern................. 35
      3.3.2 Die Verfassungshomogenität von Bund und Ländern 35
      3.3.3 Die Zuständigkeitsverteilung zwischen Bund und Ländern... 36
      3.3.4 Anlässe zur Gesetzgebung in der Bundesrepublik Deutschland 38
      3.3.5 Das Gesetz als parlamentarische Entscheidung der Rechtsordnung..................................... 39
   Literatur.. 40

4 Die Gesetzgebungsverfahren 43
   4.1 Das Gesetzgebungsverfahren nach der Verfassung des Deutschen Reichs.. 43
      4.1.1 Das Verfahren im Bundesrat zur Verabschiedung von Gesetzen.. 43
      4.1.2 Das Gesetzgebungsverfahren im Reichstag............... 44
      4.1.3 Die Ausfertigung und Verkündung der beschlossenen Gesetze bzw. ihre Erledigung 46

		4.1.4	Das Zusammenspiel von Bundesrat und Reichstag bei der Gesetzgebung. 47
	4.2	Das Gesetzgebungsverfahren nach der Weimarer Reichsverfassung. . . 48
		4.2.1	Initiativrecht zu Reichsgesetzen. 48
		4.2.2	Verfahren bis zum Beschluss von Reichsgesetzen. 50
		4.2.3	Verfahren nach Beschluss oder Ablehnung von Reichsgesetzen durch den Reichstag. 51
	4.3	Das Gesetzgebungsverfahren nach dem Bonner Grundgesetz. 53
		4.3.1	Initiativrecht zu Bundesgesetzen 53
		4.3.2	Verfahren bis zum Beschluss von Bundesgesetzen 54
	Literatur. 57
5	**Politische Einflussnahmen auf die Gesetzgebung** 61
	5.1	Politische Einflussnahmen auf die Gesetzgebung im Deutschen Kaiserreich. 61
		5.1.1	Grenzen der Kaiserreichsgesetzgebung 61
		5.1.2	Keine gesetzliche Regelung zu Registrierung, Transparenz und Verhaltensvorschriften von Lobbyisten 64
	5.2	Politische Einflussnahmen auf die Gesetzgebung in der Weimarer Republik. 65
		5.2.1	Grenzen der Reichsgesetzgebung 65
		5.2.2	Keine gesetzliche Regelung zu Registrierung, Transparenz und Verhaltensvorschriften von Lobbyisten 66
	5.3	Politische Einflussnahmen auf die Gesetzgebung in der Bundesrepublik 67
		5.3.1	Grenzen der Bundesgesetzgebung. 67
		5.3.2	Nur sehr geringe Beschränkung von Lobby-Einfluss und keine gesetzliche Regelung zu Registrierung, Transparenz und Verhaltensvorschriften von Lobbyisten 69
	Literatur. 70
6	**Zusammenfassung der Ergebnisse für die Gesetzgebung und das Gesetzgebungsverfahren**. 73
	6.1	Ergebnisse für die Gesetzgebung und das Gesetzgebungsverfahren im Deutschen Kaiserreich 73
	6.2	Ergebnisse für die Gesetzgebung und das Gesetzgebungsverfahren in der Weimarer Republik 74
	6.3	Ergebnisse für die Gesetzgebung und das Gesetzgebungsverfahren in der Bundesrepublik 74
	6.4	Gesamtergebnis 75
	Literatur. 76

Quellen- und Literaturverzeichnis 77

Stichwortverzeichnis. 85

Abkürzungsverzeichnis

€	Euro-Symbol
Abs.	Absatz
AEUV	Vertrag über die Arbeitsweise der Europäischen Union
AöR	Archiv des öffentlichen Rechts (Zeitschrift)
Art.	Artikel
BGBl.	Bundesgesetzblatt
BT-Drs.	Bundestagsdrucksache
BVerfG	Bundesverfassungsgericht
BVerfGE	Entscheidungssammlungen des BVerfG (Band, Seite Entscheidungsbeginn, Seite Zitat oder Rn.)
co	columns = Spalte
DJZ	Deutsche Juristen-Zeitung
dtv	Deutscher Taschenbuch Verlag
et al.	et aliae/et alii = und andere
EU	Europäische Union
f.	folgende
ff.	fortfolgende
FJ	Forschungsjournal Neue Soziale Bewegungen
GG	Grundgesetz für die Bundesrepublik Deutschland vom 23. Mai 1949
GGO	Gemeinsame Geschäftsordnung der Bundesministerien
GOBT	Geschäftsordnung des Deutschen Bundestags
GOR	Geschäftsordnung für den Reichstag des Deutschen Reichs
H.	Heft
Hs.	Halbsatz
Jg.	Jahrgang
JöR	Jahrbuch des öffentlichen Rechts der Gegenwart
JöR a.F.	Jahrbuch des öffentlichen Rechts der Gegenwart alte Folge
JuS	Juristische Schulung (Zeitschrift)
lat.-dt.	lateinisch-deutsche
m. w. N.	mit weiteren Nachweisen

NKR	Nationaler Normenkontrollrat
p	page = Seite
Rn.	Randnummer
RT-Drs.	Reichstags-Drucksache
RV	Verfassung des Deutschen Reiches vom 16. April 1871 (Bismarcksche Reichsverfassung)
Sp.	Spalte
StVG	Straßenverkehrsgesetz
StVO	Straßenverkehrs-Ordnung
vol	volume = Jahrgang (Jg.)
WRV	Die Verfassung des Deutschen Reichs vom 11. August 1919 (Weimarer Reichsverfassung)

Autorenhinweise

Martin H. W. Möllers, Professor Dr. phil.; Dipl. Soz. Wiss.; Studienassessor, Politikwissenschaftler und Jurist sowie Historiker und Geograf; lehrte Staats- und Gesellschaftswissenschaften an der Hochschule des Bundes, Zentralbereich (Brühl/Rheinland) und Fachbereich Bundespolizei (Lübeck) von WS 1987/88 bis 30. November 2018, ist Herausgeber des Wörterbuchs der Polizei (C. H. Beck, München) sowie der Studienbücher für die Polizei (VfP, Frankfurt am Main) und Mitherausgeber des JBÖS (Verlag für Polizeiwissenschaft, Frankfurt am Main, Nomos, Baden-Baden).

Publikationen Die Polizei des Bundes in der rechtsstaatlichen pluralistischen Demokratie, Leske + Budrich, Opladen 2003; Strafrecht in der Sozialarbeit, Walhalla, Regensburg 2005; (Doppel)-Staat und Gruppeninteressen, Nomos, Baden-Baden 2009; Der Bundespräsident im politischen System, Springer VS, Wiesbaden 2012; Handbuch Bundesverfassungsgericht im politischen System, 2. Aufl., Springer VS, Wiesbaden 2015; Verfassungs-Kultur. Staat, Europa und pluralistische Gesellschaft bei Peter Häberle, Nomos, Baden-Baden 2016; Wörterbuch der Polizei, 3. Aufl., C. H. Beck, München 2018; Bundesverfassungsgericht und Öffentliche Sicherheit, 2 Bde., 5. Aufl., Verlag für Polizeiwissenschaft (VfP), Frankfurt am Main 2019; Grundrechte bei der Polizei, VfP, 4. Aufl., Frankfurt am Main 2019; Karl Popper und das Staatsverständnis des Kritischen Rationalismus, Nomos, Baden-Baden 2019; Öffentliche Sicherheit und Gesellschaft, 5. Aufl., VfP, Frankfurt am Main 2020; „Der Staat ist von Verfassungs wegen nicht gehindert …". National-liberaler Etatismus im Staatsverständnis des Bundesverfassungsgerichts, Nomos, Baden-Baden 2021; zahlreiche weitere Bücher und Aufsätze im Bereich Öffentliche Sicherheit, Gesellschaft, Politik und Recht [unter www.Möllers.info].

1
Einführung zu den Funktionen von Gesetzen und zur Entstehung der deutschen Verfassungen

1.1 Einführung zu den Funktionen von Gesetzen

Gesetze sind rechtlich verbindliche Vorschriften für das Verhalten der Mitglieder einer Rechtsgemeinschaft über eine Erlaubnis, ein Gebot oder ein Verbot.[1] Daher gibt es Gesetzgebung notwendigerweise in jedem Land der Welt, sei es totalitär beherrscht oder demokratisch organisiert.[2] Die einzelnen Ausprägungen sind in der jeweiligen staatlichen Ordnung historisch bedingt und durch kulturelle, soziale und wirtschaftliche Bedingungen geformt.[3]

Geht man davon aus, dass wesentliches Element des Demokratieprinzips die Souveränität des Volkes ist, also eines Zusammenschlusses einer größeren Zahl von Menschen, die durch eine einheitliche Rechtsordnung und ein gemeinsames Staatsziel zu einer Gesellschaft wird,[4] und die einheitliche Rechtsordnung als Grundlage des Rechtsstaatsprinzips die *Gerechtigkeit als Rechtsidee* begründet,[5] lässt sich feststellen, dass in demokratischen Staaten Leitlinien für die Gesetzgebung das *Gemeinwohl* und das *Streben nach Gerechtigkeit* sind.[6] Das Gesetz übt hier als parlamentarische Entscheidung der Rechtsordnung vor allem rechtsstaatliche Funktionen aus. Das war unter der Weimarer Reichsverfassung so und ist nicht anders unter dem Grundgesetz. Anlässe sind z. B. die Umsetzung politischer Programme oder Änderungen und Ergänzungen bestehender Ordnungen. Das Deutsche Kaiserreich war jedoch im Gegensatz zur Weimarer Republik und zur BundesrepublikDeutschland keine Demokratie. Denn die verfassungsmäßige Basis der Gesetzgebung im

---
[1] Schubert und Klein (2016), S. 132.
[2] Möllers (2018), S. 1007; Möllers (2020), S. 523.
[3] Badura (2015), S. 10.
[4] Cicero (1987), S. I 39.
[5] Aristoteles (2006), S. 47 ff.
[6] Fraenkel (1968), S. 165 ff.; vgl. auch Häberle und Kotzur (2016), S. 649.

Kaiserreich folgte diesen demokratischen Prämissen nicht genügend. Das ergibt sich unmittelbar aus der Reichsverfassung des Kaiserreichs.

1.2 Die Entstehung der ersten Verfassung eines deutschen Nationalstaats: die Deutsche Reichsverfassung (RV)

Nach der Paulskirchenversammlung vom 18. Mai 1848 in Frankfurt am Main war im Februar 1867 erneut ein deutschesParlament zusammengetreten, das über eine nationalstaatliche Verfassung beriet. Die Vorlage lieferte Otto von Bismarck als Ministerpräsident von Preußen. Das Parlament von 1867 beruhte aber nicht wie das Paulskirchenparlament auf dem Prinzip der Volkssouveränität, sondern auf den Bündnisverträgen, die Bismarck mit den deutschen Staaten des Norddeutschen Bundes abgeschlossen und in der „Verfassung des Norddeutschen Bundes"[7] festgeschrieben hatte.[8] Keine vier Jahre später wurde die „Verfassung des Deutschen Reiches vom 16. April 1871",[9] die im Folgenden Reichsverfassung (RV) genannt wird, am 20. April verkündet und trat am 4. Mai 1871 in Kraft. Sie gilt politisch als Erweiterung des Norddeutschen Bundes[10] und war eine Verfassung der konstitutionellen Monarchie.[11] Der Monarch hatte weitreichende Befugnisse, die nur zum Teil an die Verfassung und die in ihr konkret festgelegten Mitwirkungsrechte der parlamentarischen Volksvertretung gebunden waren.[12]

Ausgangspunkt war, dass zu Beginn der zweiten Hälfte des 19. Jahrhunderts in der Gesellschaft liberale und konstitutionelle Ideen zunehmenden Einfluss gewannen. Dies drückte sich unter anderem dadurch aus, dass der neugebildete deutsche Staat von 1871 erstmals mit dem Reichstag ein Parlament eingerichtet hatte, das zentrales, aber noch nicht klar demokratisches Organ der Gesetzgebung wurde,[13] dessen Mitglieder zwar „Vertreter des gesamten Volkes und an Aufträge und Instruktionen nicht gebunden" (Art. 29 RV) waren, aber nur die *Mit*beteiligung an der Reichsgesetzgebung hatte und nur in geringem Maße die Reichsregierung kontrollieren konnte: Der Reichstag konnte die Regierung bei öffentlichkeitswirksamen Interpellationen kritisieren. Als „Druckmittel" stand ihm nur die (Mit-)Bewilligung eines kleinen Teils des Budges zu. Denn bei Militärausgaben, die allein vier Fünftel der Gesamtausgaben des Reichs ausmachten, war der Reichstag ausgeschlossen.[14] Außerdem enthielt der von Bismarck ausgearbeitete Verfassungsentwurf vom 15.

---

[7] Vom 26. Juli 1867, BGBl. des Norddeutschen Bundes 1867, Nr. 1, S. 1–23.
[8] Pollmann (2000), S. 101; Badura (2015), S. 44.
[9] RGBl. S. 64.
[10] Biefang (2012), S. 49.
[11] Badura (2015), S. 33 f.
[12] Badura (2015), S. 34.
[13] Badura (2015), S. 36; Wehler (1995), S. 864.
[14] Tormin (1966), S. 31; Milatz (1974), S. 207.

1.2 Die Entstehung der ersten Verfassung eines deutschen Nationalstaats: die Deutsche ...

Dezember 1866 keine „theoretischen Erörterungen über Souveränität, Staatsgewalt und dergleichen" und auch auf einen Grundrechtsteil wurde verzichtet, „weil das Verhältnis des Staates zu seinen Bürgern als Angelegenheit der Gliedstaaten aufgefaßt wurde",[15] welche die Ausführung der Gesetze vollzogen. Denn Grundrechte schützten nach Rechtsauffassung des 19. Jahrhunderts niemals gegenüber dem Gesetzgeber, sondern nur gegen Übergriffe der Verwaltung.[16] Daher enthielten nur die Verfassungen der Gliedstaaten Grundrechte, welche die Exekutive band.[17] Das Fehlen der Grundrechte in der Reichsverfassung wirkte sich zum Teil erheblich auf die Reichsgesetzgebung aus, etwa beim „Sozialistengesetz".

Die Verfassung selbst beschränkte sich im Wesentlichen auf die *Organisation* des neugegründeten Reichs. Sie war aber lückenhaft und bot nicht für alle verfassungsrechtlichen Konflikte einfache und klare Lösungen an.[18] Da der Reichstag außerdem nicht vollständig autonom war, gestaltete sich die verfassungsmäßige Basis der Gesetzgebung im Deutschen Reich nur unzureichend. Das lag vor allem daran, dass die Kräfteverhältnisse zwischen den gesetzgebenden Organen Bundesrat und Reichstag ungleich und weder der Bundesrat, noch der Reichstag demokratisch zusammengesetzt waren.

1.2.1 Ungleiche Kräfteverhältnisse innerhalb der gesetzgebenden Verfassungsorgane

Im Bundesrat konnten sich die Bundesstaaten an den zentralen Entscheidungen, insbesondere an der Gesetzgebung des Reichs, mit unterschiedlicher Gewichtung beteiligen. Preußen hatte von 58 Stimmen 17, Bayern 6, Sachsen und Württemberg je 4, Baden und Hessen je 3, Mecklenburg-Schwerin und Braunschweig je 2 und alle 17 anderen jeweils nur 1 Stimme.[19] Ab 1911 kamen drei halbselbstständige Stimmen des Reichslandes Elsaß-Lothringen dazu.[20] Die Bundesstaaten waren durch Bevollmächtigte ihrer Regierungen vertreten. Diese wiederum wurden nicht gewählt, sondern waren vom König bzw. dem entsprechenden Fürsten des Bundesstaats eingesetzt worden.[21]

Bei der Landesgesetzgebung waren noch Kammern beteiligt. Die beiden größten Bundesstaaten hatten jeweils zwei Kammern. In Bayern setzten sie sich nach Titel VI. § 1 der Verfassungs-Urkunde für das Königreich Bayern vom 26. Mai 1818

---

[15] Menger (1988), S. 145, 147.
[16] Boldt (1993), S. 180.
[17] Badura (2015), S. 36.
[18] Huber (1988), S. 758 ff.
[19] Schuster (1992), S. 140 f.
[20] Nipperdey (1991), S. 88.
[21] Engehausen et al. (2015), S. 248.

(VerfBay)[22] aus der Kammer der „Reichs-Räthe" sowie aus der Stände-Versammlung der Abgeordneten zusammen. Die Kammer der „Reichs-Räthe" setzte sich im Wesentlichen aus dem Hochadel und dem Hochklerus zusammen (§ 2 VerfBay). Die Stände-Versammlung der Abgeordneten kam ab 4. Juni 1848 nach einem allgemeinen und gleichen Männerwahlrecht zustande.[23] Ähnliches galt auch nach der revidierten Verfassung für den preußischen Staat vom 31. Januar 1850,[24] welche die beiden Kammern „Herrenhaus" und „Haus der Abgeordneten" nach Art. 62 ff. Verf-Preuß vorsah.[25] Preußen, der mit Abstand größte Bundesstaat im Kaiserreich, hob sein auf Wahlmänner beruhendes Dreiklassenwahlrecht, dem *faktisch* alle fünf heutigen Wahlrechtsgrundsätze des Art. 38 Abs. 1 Satz 1 GG fehlten, da auch die geheime Wahl oft nicht praktiziert wurde, erst am 24. Oktober 1918 auf,[26] nur vier Tage vor dem Zeitpunkt, als sich das Kaiserreich am 28. Oktober 1918 zu einer *parlamentarischen* Monarchie wandelte. Diese war allerdings nur dreizehn Tage bis zum 9. November 1918 in Kraft, weil die Revolution das Ende des Deutschen Reichs besiegelte.[27]

Im Bundesrat nahm Preußen eine dominante Stellung ein, weil es fast ein Drittel der Bundesratsstimmen auf sich vereinigte und außerdem das Präsidium stellte, das sich aus dem Kaiser und dem Reichskanzler zusammensetzte, die gemeinsam die Regierungsgewalt des Reichs ausübten.[28] Außerdem konnte Preußen die Sperrminorität für Verfassungsänderungen alleine stellen.

Der Reichstag ging zwar aus – nach damaligen Vorstellungen – allgemeinen, direkten und geheimen Abstimmungen hervor (Art. 20 RV), Wahlrecht hatten aber nur die Männer ab 25 Jahren. Zudem waren die Wahlkreise zu Gunsten kleinerer Bundesstaaten ungleich groß. Das änderte sich auch nicht aufgrund des Bevölkerungswachstums: Von 1870 bis 1913 wuchs die Einwohnerzahl im Reich von 40 auf 67 Millionen.[29] Schließlich führte die Binnenwanderungsbewegung (Zuwanderung) außerdem dazu, dass in den Städten und den industriellen Ballungsgebieten erheblich mehr Menschen lebten als auf dem Land,[30] z. B. wuchs die Einwohnerzahl von 1850 bis 1910 in Berlin von 419 Tausend auf 3,7 Mio., in Essen von neun Tausend auf 2,9 Mio. Einwohner an.[31] Dennoch blieben die Wahlkreise entgegen der anderslautenden Regelung im Wahlgesetz, die Wahlkreise von Zeit zu Zeit anzupassen, bis zum Ersten Weltkrieg unverändert.[32] So hatte 1912 der kleinste Wahlkreis für die Wahl eines Abgeordneten nicht einmal 50.000 Einwohner, während die

---

[22] Bayerisches Gesetzesblatt 1818, S. 101.
[23] Hildebrandt (1992), S. 28 f.
[24] Preußische Gesetzes Sammlung 1850, S. 17.
[25] Hildebrandt (1992), S. 35, Fn. 1.
[26] Hildebrandt (1992), S. 38, Fn. 1.
[27] Deutscher Bundestag (2021).
[28] Frotscher und Pieroth (2016), S. 213, Rn. 431; Zeh (1978), S. 45.
[29] Stürmer (1983), S. 50; Stürmer (1984), S. 94; Graf von Krockow (1992), S. 19.
[30] Vgl. Tenfelde (1981), S. 487 ff.; Stürmer (1983), S. 58 ff.
[31] Graf von Krockow (1992), S. 20.
[32] Menger (1988), S. 151, Rn. 303.

1.2 Die Entstehung der ersten Verfassung eines deutschen Nationalstaats: die Deutsche ...

größten Wahlkreise mehr als eine Million Einwohner zählten, aber ebenfalls nur einen Abgeordneten stellen konnten.[33] Von den 397 Wahlkreisen 1912 hatten 23 Wahlkreise nicht einmal die Hälfte der im Reich durchschnittlichen Wähler, 25 hingegen mehr als das Doppelte und 12 Wahlkreise sogar mehr als das Dreifache an Wählern.[34] Daher hatten die Wahlen zum Reichstag eine extreme Ungleichheit im Erfolgswert. Von Bedeutung war auch, dass die Mitglieder des Reichstags nach Art. 32 RV zunächst keine Besoldung oder Entschädigung beziehen durften, was vermögende Kandidaten bevorzugte und minder bemittelte Abgeordnete nötigte, sich auf andere Weise Unterhalt und Auslagenersatz zu beschaffen.[35] Nach mehrmaligem Scheitern im Bundesrat wurde Art. 32 RV erst am 21. Mai 1906 aufgehoben.[36] Diese genannten ungünstigen Voraussetzungen hielten einige Männer wohl ab, sich zur Wahl aufstellen zu lassen. So war im Kaiserreich weder die Souveränität des Volkes noch die Gerechtigkeit als Rechtsidee bei der Reichsgesetzgebung vollständig gewährleistet. Dies umso mehr, als zwischen den beiden gesetzgebenden Verfassungsorganen ungleiche Kräfteverhältnisse herrschten.

1.2.2 Ungleiche Kräfteverhältnisse zwischen den beiden gesetzgebenden Verfassungsorganen

Zwar wurde die Gesetzgebung im Reich nach Art. 5 Abs. 1 Satz 1 RV durch den Bundesrat und den Reichstag ausgeübt. Aber auch hier herrschte keine Gleichheit der beiden Organe. Der Reichstag, dessen „Hauptkampfmittel" die öffentliche Kritik war,[37] weil ihm die Öffentlichkeit der Verhandlungen zugestanden war,[38] hatte nur die beiden Rechte der *Mit*wirkung bei der Gesetzgebung und bei der Finanzgestaltung, indem er Haushaltsmittel außerhalb des Militärbudgets bewilligte (Art. 69 RV) und den Haushalt kontrollierte (Art. 72 RV).[39] Er war aber nicht vollständig autonom und dadurch geschwächt, dass er kein eigenständiges Einberufungs- und Auflösungsrecht hatte: Nach Art. 12 RV stand es dem Kaiser zu, den Reichstag zu berufen, zu eröffnen, zu vertagen und zu schließen. Außerdem konnte der Reichstag nicht ohne den Bundesrat berufen werden (Art. 13 RV). Der Bundesrat selbst hatte hingegen die Möglichkeit, seine Berufung zu erzwingen, wenn sie von einem Drittel der Stimmenzahl (= 20 Stimmen, von denen Preußen allein bereits 17 hatte) verlangt wurde (Art. 14 RV). Der Bundesrat durfte außerdem nach Art. 24 RV die Auflösung des Reichstags innerhalb der Legislatur beschließen, brauchte dafür aber

---

[33] Boldt (1993), S. 175 f.; vgl. auch Huber (1988), S. 875; Menger (1988), ebd.; Frotscher und Pieroth (2016), 28), S. 215, Rn. 435.
[34] Milatz (1974), S. 210, Tabelle.
[35] Frotscher und Pieroth (2016), S. 216, Rn. 439.
[36] Tormin (1966), S. 32; allgemein Butzer (1999).
[37] Müller-Meiningen (1926), S. 120.
[38] Meier (2001), S. 89.
[39] Zeh (1978), S. 44.

die Zustimmung des Kaisers.[40] Personell waren die Mitglieder im Bundesrat und im Reichstag nach Art. 9 Satz 2 RV zwar getrennt. Dennoch konnten Mitglieder des Bundesrats bei der Aussprache zu neuen Gesetzen im Reichstag einen direkten Einfluss nehmen. Denn jedes Bundesratsmitglied hatte nach Art. 9 RV nicht nur das Recht, im Reichstag zu erscheinen, sondern konnte außerdem verlangen, jederzeit gehört zu werden, um die Ansichten der Regierung seines Bundesstaats zu vertreten. Dazu brauchte das Bundesratsmitglied keine Mehrheit im Bundesrat hinter sich zu wissen. Umgekehrt hatten die Abgeordneten des Reichstags jedoch kein Recht, an den Bundesratssitzungen, die ohne Öffentlichkeit stattfanden, teilzunehmen oder gar gehört zu werden. Diese äußeren Zwänge in der Verfassung erschwerten auch das Gesetzgebungsverfahren des Reichstags.

Es wirkte sich zudem auf die Gesetzgebung aus, dass in der Verfassungsurkunde Grundrechte fehlten, welche die Gerechtigkeit als Rechtsidee in einem Rechtsstaat hätten verkörpern können.

1.2.3 Keine vollständige Gewährleistung von Grundrechten im Rechtssystem des Kaiserreichs

Nach Ansicht des deutschen Staatsrechtlers *Ulrich Scheuner* (1903–1981) war in der konstitutionellen Verfassung des Kaiserreichs der *Rechtsstaatsgedanke* zentral.[41] Ob diese Aussage der Richtigkeit entspricht, ist schon deshalb näher zu untersuchen, weil *Scheuner* in der Zeitschrift „Archiv des öffentlichen Rechts" (AöR) die nationalsozialistische „Machtergreifung", insbesondere die „Reichstagsbrandverordnung" vom 28. Februar 1933 und das „Ermächtigungsgesetz" vom 23. März 1933, als legitim und legal beschrieben hatte.[42]

Der Rechtsstaatsgedanke im Kaiserreich ist schon deshalb zu bezweifeln, weil es keine echte *Gewaltenteilung* nach der Reichsverfassung gab. Zentrales Organ war der Bundesrat, dem nicht nur Gesetzgebungsrechte zustanden, sondern der zugleich nach Art. 7 Nr. 2 RV als wichtige exekutive Aufgabe die Ausführungsbestimmungen zu Reichsgesetzen zu erlassen hatte und dadurch entscheidenden Einfluss auf die administrative Umsetzung nahm.[43] Ferner fielen dem Bundesrat außerdem noch judikative Aufgaben zu: Verfassungsstreitigkeiten und Streitigkeiten zwischen Bundesstaaten sowie Justizverweigerungen, hatte allein der Bundesrat zu regeln (Art. 76, 77 RV). Außerdem hatte der Bundesrat die Macht, mit Zustimmung des Kaisers den Reichstag aufzulösen (Art. 24 Satz 2 RV).[44] „Teilung und Balancierung

---

[40] Wehler (1995), S. 864.
[41] Scheuner (1960), S. 229.
[42] Scheuner (1934), S. 166 ff., S. 261 ff.
[43] Halder (2011), S. 14.
[44] Vgl. Fenske (1993), S. 21.

der verschiedenen Staatstätigkeiten und Instanzen"[45] ist aber für einen Rechtsstaat unumgänglich. Daher kann der Rechtsstaatsgedanke zwar als ansatzweise vorhanden,[46] aber keineswegs als „zentral" bezeichnet werden.

Geht man außerdem davon aus, dass ein Staat erst dann ein Rechtsstaat ist, wenn er „die Güter und Werte des personalen und sozialen Daseins, die im Grundrechtssystem ihre Anerkennung und Gewährleistung finden",[47] auch faktisch anerkennt und gewährleistet, sind im Rechtssystem des Kaiserreichs einige gravierende Lücken festzustellen. Wie zuvor die Norddeutsche Bundesverfassung, die Grundlage der Verfassungsurkunde des Kaiserreichs war,[48] verzichtete die Reichsverfassung auf einen Grundrechtskatalog.[49] Einziges Grundrecht auf Reichsebene war das *Indigenat* nach Art. 3 RV, das bestimmte, dass alle Angehörigen eines jeden Bundesstaats in jedem anderen Bundesstaat als Inländer mit gleichen Rechten zu behandeln ist. Nur die Verfassungen der Bundesstaaten im Kaiserreich enthielten Grundrechtskataloge oder prinzipielle Grundrechtsgarantien. Der Verzicht begründet sich vor allem dadurch, dass nicht dem Reich, sondern den Ländern die spezifische „eingreifende Staatsgewalt" vorbehalten war, weil diese nicht nur die eigenen Gesetze, sondern auch die Reichsgesetze auszuführen hatten und nach damaliger Auffassung die Grundrechte nur vor der Exekutive, nicht aber vor der Legislative schützen sollten.[50]

Nach dem Staatsrechtler *Ernst Rudolf Huber* (1903–1990), einem Schüler *Carl Schmitts* (1888–1985),[51] war das Fehlen von Grundrechten in der Verfassungsurkunde als *formelles* Verfassungsrecht nicht wesentlich, weil es ihm auf das *materielle* Verfassungsrecht ankam.[52] *Huber*, der während des „Dritten Reichs" die nationalsozialistische Diktatur rechtfertigte[53] und sich später auf die Verfassungsgeschichte zurückzog,[54] bezog die auf Reichsebene bestehenden Gesetze, die 1871 als Reichsgesetze rezipiert wurden, mit in das „materielle Verfassungsrecht" ein.[55] Grundrechte sah er etwa im Freizügigkeitsgesetz von 1867 (Freizügigkeit) und in der Gewerbeordnung von 1869 (Gewerbefreiheit) verankert sowie in weiteren Gesetzen. *Huber* stellte in der Festschrift für Ulrich Scheuner einen Katalog von 18 Grundrechten auf.[56] Mit in diese Liste nahm er allerdings auch solche Gesetze auf,

---

[45] Schmitt (1996), S. 50.
[46] Nipperdey (1991), S. 108.
[47] Huber (1973), S. 163 mit Berufung auf Scheuner (1960), S. 229.
[48] Nipperdey (1991), S. 85; *Identitätstheorie*: Laband (1907), S. 1 ff.; auch Anschütz und Thoma (1930), S. 68, *Rechtsnachfolgetheorie*: Huber (1988), S. 760 ff.; Menger (1988), S. 147, Rn. 289; vgl. Kotulla (2006), S. 247 ff.; Biefang (2012), S. 49 ff.
[49] Huber (1988), S. 665 f., S. 758.
[50] Huber (1973), S. 164.
[51] Rüthers (1994), S. 102 ff.
[52] Huber (1973), S. 165 ff.
[53] Stolleis (2006), S. 336; Echternkamp (2015), S. 229 ff.; Günther (2015), S. 101 ff.; vgl. auch Grothe (2005), S. 168–172.
[54] Wiederin (2015), S. 199 ff.
[55] Huber (1973), S. 169, 171.
[56] Huber (1973), ebd.; vgl. den Grundrechtskatalog bei Frotscher und Pieroth (2016), S. 223, Rn. 453.

die erst im Laufe des Fortgangs des Kaiserreichs neu entstanden, wie zum Beispiel die Strafprozessordnung von 1877 (Unverletzlichkeit der Wohnung; Freiheit der Person) und das Reichsvereinsgesetz von 1908 (Vereinigungsfreiheit; Versammlungsfreiheit). *Hubers* Grundrechtskatalog ist zudem unvollständig: Es fehlen u. a. die wichtigen Grundrechte der Gleichheit vor dem Gesetz, der Eigentumsfreiheit und der Wissenschaftsfreiheit sowie notwendige Justizgrundrechte.

Da somit einzelne Grundrechte völlig fehlten und weitere erst im Laufe des Kaiserreichs ausformuliert wurden, konnten sie keine dem Gesetzgeber *vorgesetzten* Schranken ausbilden, zumal eine Grundrechtsbindung ähnlich wie in Art. 1 Abs. 3 GG der Reichsverfassung völlig fehlte. Es kam hinzu, dass alle in den Reichsgesetzen aufgeführten Grundrechte nicht die Kraft des formellen Verfassungsrangs hatten. Es war zwar „keine grundrechtslose Zeit",[57] aber den Schutz des Einzelnen gewährleisteten nur die jeweiligen Landesverfassungen. In der konstitutionellen Verfassung des Kaiserreichs war somit der Rechtsstaatsgedanke keineswegs zentral. Diese Mängel in der Verfassung wirkten sich auch auf das Gesetzgebungsverfahren des Reichstags aus. Daher betraf der Umstand, dass die Verfassung sich überwiegend auf die Organisation des neugegründeten Reichs beschränkte und die aufgeführten Regelungen zum Teil lückenhaft waren, auch die Regelungen über das Gesetzgebungsverfahren.

1.3 Die Ausgangssituation für die Entstehung der Weimarer Reichsverfassung (WRV)

Anders als später das Grundgesetz konnte die Weimarer Reichsverfassung (WRV) nicht auf eine *gelebte demokratische* Verfassung in Deutschland zurückgreifen. Die WRV entstand zwischen Januar und Juli 1919 in Weimar und Berlin: Nach der deutschen Revolution vom November 1918 vollbrachten es die Abgeordneten, zu denen erstmals auch Frauen gehörten, in nur einem knappen halben Jahr eine neue funktionsfähige demokratische Verfassung zu schaffen und zu beschließen. Die WRV, nach der die Staatsgewalt vom Volke ausging (Art. 1 Abs. 2), verfestigte zwar den Sturz der Monarchie und die Errichtung der Republik,[58] durch die Novemberrevolution, die nach neuesten Forschungen nicht als „Revolution" eingestuft werden kann,[59] wurde aber nicht das Reich als solches zerstört, sondern nur seine vorherige Verfassung. Das ergibt sich schon aus Art. 178 Abs. 2 Satz 1, der regelte, dass die übrigen Gesetze und Verordnungen des Reichs in Kraft blieben, soweit ihnen diese WRV nicht entgegenstand. Nicht nur an den einfachen Gesetzen, sondern auch an Teilen der Reichsverfassung von 1871, der sog. Bismarckschen Reichsverfassung (RV), wurde festgehalten, etwa bei der Verkündung der Reichsgesetze, beim Reichs-

---

[57] Frotscher und Pieroth (2016), S. 217, Rn. 442.
[58] Anschütz (1960), S. 1.
[59] Platt (2017), S. 3–18.

gesetzblatt und beim Vorrang der Reichsgesetze vor den Landesgesetzen (Art. 2 und 3 BRV).[60]

Aus der Vergangenheit wurde die partikulare Gliederung von Land und Volk übernommen, obwohl die Novemberrevolution unitarisch und zentralistisch ausgerichtet war. Diese hat jedoch „den deutschen Einheitsstaat nicht gebracht".[61] Allerdings wurde eine neue Ordnung des deutschen Staatswesens geschaffen: An Stelle der Monarchie trat die Demokratie.[62] Dies hatte gerade auf die Gesetzgebung erhebliche Auswirkung.

1.4 Die Ausgangssituation für die Entstehung des Bonner Grundgesetzes (GG)

Das Bonner Grundgesetz konnte sich bereits auf eine demokratische Verfassung zurückbesinnen, nämlich auf die Weimarer Reichsverfassung. Diese über 14 Jahre andauernde Erfahrung mit demokratischen Strukturen wurde jedoch durch die nationalsozialistische Herrschaft jäh abgerissen. Die nationalsozialistische Diktatur brachte ein sich allgemeinen Kategorien entziehendes Unrecht und Schrecken über ganz Europa und weite Teile der Welt. Deutschland erhielt eine neue Erfahrung des Schreckens, der sich in Massenmord und Krieg sowie in Rassismus und Antisemitismus übelster Formen äußerte. Das konnte nur dazu führen, dass sich das Grundgesetz als Gegenentwurf zu dieser totalitären Herrschaft entwickeln musste.[63] Die Entstehung der Bundesrepublik Deutschland und seiner Verfassung beruht daher einerseits auf den Erfahrungen mit der demokratischen Weimarer Reichsverfassung, andererseits aus der erlebten Zeit der nationalsozialistischen Diktatur.

Literatur

Anschütz G (1960) Die Verfassung des Deutschen Reichs vom 11. August 1919. Kommentar, unveränderter fotomechanischer Nachdruck der 14. Aufl., Berlin 1933. Gehlen, Bad Homburg vor der Höhe
Anschütz G, Thoma R (Hrsg) (1930) Handbuch des Deutschen Staatsrechts, Erster Band, Das öffentliche Recht der Gegenwart, Bd 28. Mohr Siebeck, Tübingen
Anschütz G, Thoma R (Hrsg) (1932) Handbuch des deutschen Staatsrechts, Zweiter Band, Das öffentliche Recht der Gegenwart, Bd 29. Mohr Siebeck, Tübingen
Aristoteles (2006) Politik (Πολιτικά „Dinge, die die Stadt betreffen". [4. Jh. v.Chr.]), übers. und ed von Olof Gigon, 10. Aufl. dtv, München

---

[60] Vgl. Schwalb (1919), S. 7–8, Sp. 284 f.
[61] Anschütz (1960), S. 2.
[62] Graf zu Dohna (1923), S. 10 ff.
[63] BVerfGE 124, 300–347 [300], 1. Leitsatz.

Badura P (2015) Staatsrecht, Systematische Erläuterung des Grundgesetzes für die Bundesrepublik Deutschland, 6. Aufl. C. H. Beck, München

Bayerisches Gesetzblatt (1818) Gesetzblatt für das Königreich Bayern, Hrsg von der Bayerischen Staatsbibliothek, München. https://opacplus.bsb-muenchen.de/Vta2/bsb10345307/bsb:4014657?page=1

Biefang A (2012) Die andere Seite der Macht. Reichstag und Öffentlichkeit im „System Bismarck" 1871–1890, 2. Aufl. Droste, Düsseldorf

Boldt H (1993) Deutsche Verfassungsgeschichte, Bd 2: Von 1806 bis zur Gegenwart, 2. Aufl. dtv, München

Burkhardt A, Pape K (Hrsg) (2000) Sprache des deutschen Parlamentarismus. Studien zu 150 Jahren parlamentarischer Kommunikation. Springer VS, Wiesbaden

Butzer H (1999) Diäten und Freifahrt im Deutschen Reichstag. Der Weg zum Entschädigungsgesetz von 1906 und die Nachwirkung dieser Regelung bis in die Zeit des Grundgesetzes. Droste, Düsseldorf

Cicero MT (1987) Der Staat/De re publica (54 BC), lat.-dt. Ausgabe, herausgegeben und übersetzt von Karl Büchner, 4. Aufl. Reclam, München/Zürich

Craig GA (2006) Deutsche Geschichte 1866–1945. Vom Norddeutschen Bund bis zum Ende des Dritten Reiches, 3. Aufl. C. H. Beck, München

Deutscher Bundestag (Hrsg) (2021) Deutscher Parlamentarismus · Kaiserreich (1871–1918), Berlin. https://www.bundestag.de/parlament/geschichte/parlamentarismus/kaiserreich. Zugegriffen am 03.12.2021

Echternkamp J (2015) Staat, Volk und Militär in Ernst Rudolf Hubers verfassungsgeschichtlichem Beitrag zur Mobilisierung der NS-Volksgemeinschaft. Vom Primat der Wehrverfassung zur „völkischen Wehrgemeinschaft". In: Grothe E (Hrsg) Ernst Rudolf Huber. Staat – Verfassung – Geschichte. Nomos, Baden-Baden, S 229–260

Ehmke H, Kaiser JH, Kewenig WA, Meessen KM, Rüfner W (Hrsg) (1973) Festschrift für Ulrich Scheuner zum 70. Geburtstag. Duncker & Humblot, Berlin

Engehausen F, Jankrift KP, Erbe M, Leonhard J, Metzler G, Schiersner D, Schildt A, Thamer H-U, Mühlhausen W (2015) Meilensteine der deutschen Geschichte. Von der Antike bis heute. BpB, Bonn

Fenske H (1993) Deutsche Verfassungsgeschichte. Vom Norddeutschen Bund bis heute, 4. Aufl. Colloquium, Berlin

Fraenkel E (1968) Deutschland und die westlichen Demokratien, 4. Aufl. Kohlhammer, Stuttgart/Berlin/Köln/Mainz

Frotscher W, Pieroth B (2016) Verfassungsgeschichte, 15. Aufl. C. H. Beck, München

Graf von Krockow C (1992) Die Deutschen in ihrem Jahrhundert 1890–1990. Rowohlt, Reinbek bei Hamburg

Graf zu Dohna A (1923) Die Revolution als Rechtsbruch und Rechtsschöpfung. Rede zur Feier des Gedächtnisses an die Aufrichtung des Deutschen Reiches, gehalten am 18. Januar 1923 in der Aula der Ruprecht-Carls-Universität. C. Winter, Heidelberg

Grothe E (2005) Zwischen Geschichte und Recht. Deutsche Verfassungsgeschichtsschreibung 1900–1970. de Gruyter Oldenbourg, München

Grothe E (Hrsg) (2015) Ernst Rudolf Huber. Staat – Verfassung – Geschichte. Nomos, Baden-Baden

Günther F (2015) Vom „Rising Star" zum Sündenbock. Ernst Rudolf Huber und die deutsche Staatsrechtslehre. In: Grothe E (Hrsg) Ernst Rudolf Huber. Staat – Verfassung – Geschichte. Nomos, Baden-Baden, S 101–118

Häberle P, Kotzur M (2016) Europäische Verfassungslehre, 8. Aufl. Nomos, Baden-Baden

Halder W (2011) Innenpolitik im Kaiserreich 1871–1914, 3. Aufl. Wissenschaftliche Buchgesellschaft, Darmstadt

Hildebrandt H (Hrsg) (1992) Die deutschen Verfassungen des 19. und 20. Jahrhunderts, 14. Aufl. Schöningh, Paderborn

Huber ER (1973) Grundrechte im Bismarckschen Reichssystem. In: Ehmke H, Kaiser JH, Kewenig WA, Meessen KM, Rüfner W (Hrsg) Festschrift für Ulrich Scheuner zum 70. Geburtstag. Duncker & Humblot, Berlin, S 163–181

Huber ER (1988) Deutsche Verfassungsgeschichte seit 1789, Bd III, Bismarck und das Reich, 3. Aufl. Kohlhammer, Stuttgart/Berlin/Köln/Mainz

Kotulla M (2006) Deutsches Verfassungsrecht 1806–1918. Eine Dokumentensammlung nebst Einführungen, Bd 1, Gesamtdeutschland, Anhaltische Staaten und Baden. Springer, Berlin

Laband P (1876) Das Staatsrecht des Deutschen Reichs, Bd 1. Lauppsche Buchhandlung, Tübingen

Laband P (1907) Die geschichtliche Entwicklung der Reichsverfassung seit der Reichsgründung. Jahrb öffentl Rechts Ggw 1:1–46

Meier C (2001) Die parlamentarische Demokratie. dtv, München

Menger C-F (1988) Deutsche Verfassungsgeschichte der Neuzeit, 6. Aufl. C. F. Müller, Heidelberg

Milatz A (1974) Reichstagswahlen und Mandatsverteilung 1871 bis 1918. Ein Beitrag zu Problemen des absoluten Mehrheitswahlrechts. In: Ritter GA (Hrsg) Gesellschaft, Parlament und Regierung. Droste, Düsseldorf, S 207–223

Möllers MHW (2018) Gesetzgebung. In: Voigt R (Hrsg) Handbuch Staat, Bd 2. Springer VS, Wiesbaden, S 1007–1018

Möllers MHW (2020) Gesetzgebung. In: Voigt R (Hrsg) Aufbruch zur Demokratie. Die Weimarer Reichsverfassung als Bauplan für eine demokratische Republik. Nomos, Baden-Baden, S 523–535

Müller-Meiningen E (1926) Parlamentarismus. Betrachtungen, Lehren und Erinnerungen aus deutschen Parlamenten. de Gruyter, Berlin/Leipzig

Nipperdey T (1991) Deutsche Geschichte 1866–1918. Band 2, Machtstaat vor der Demokratie. C. H. Beck, München

Ostermann T (2009) Die verfassungsrechtliche Stellung des Deutschen Kaisers nach der Reichsgründung von 1871. Peter Lang, Frankfurt am Main

Platt M (2017) Deutschland 1918/19. Die unerklärte Revolution. In: Braune A, Dreyer M (Hrsg) Republikanischer Alltag, Bd 2. Franz Steiner, Stuttgart, S 3–18

Pollmann KE (2000) Parlamentarische Kultur im deutschen Kaiserreich 1867/71 – 1918. In: Burkhardt A, Pape K (Hrsg) Sprache des deutschen Parlamentarismus. Springer VS, Wiesbaden, S 101–110

Preußische Gesetz-Sammlung (1850) (Revidierte) Preußische Verfassung (1850), Verfassungsurkunde für den Preußischen Staat 31. Januar 1850, Berlin

Ritter GA (Hrsg) (1974) Gesellschaft, Parlament und Regierung. Zur Geschichte des Parlamentarismus in Deutschland, im Auftrag der Kommission für Geschichte des Parlamentarismus und der politischen Parteien in Bonn-Bad Godesberg. Droste, Düsseldorf

Rüthers B (1994) Entartetes Recht. Rechtslehren und Kronjuristen im Dritten Reich. dtv, München

Scheuner U (1960) Die neuere Entwicklung des Rechtsstaats in Deutschland. In: von Caemmerer E, Friesenhahn E, Lange R (Hrsg) Hundert Jahre Deutsches Rechtsleben, Bd 2. C. F. Müller, Karlsruhe, S 229–262

Scheuner U (1934) Die nationale Revolution. Eine staatsrechtliche Untersuchung AöR 63(2):166–220; Fortsetzung AöR 63(3):261–344

Schmitt C (1996) Die geistesgeschichtliche Lage des heutigen Parlamentarismus, 8. Aufl. Duncker & Humblot, Berlin

Schubert K, Klein M (2016) Das Politiklexikon. Begriffe – Fakten – Zusammenhänge, 6. Aufl. Bundeszentrale für politische Bildung, Bonn

Schuster R (Hrsg) (1992) Deutsche Verfassungen. Mit einer allgemeinen Einführung, besonderen Erläuterungen zu den jeweiligen dokumentierten Texten und einer Abhandlung über „Politische, soziale sowie staats- und völkerrechtliche Probleme bei der Vollendung der Einheit und Freiheit Deutschlands vor dem Hintergrund der internationalen Rahmenbedingungen" (1985), Neuauflage Wilhelm Goldmann, München

Schwalb M (1919) Das Gesetzgebungsrecht der revolutionären Reichsregierung. DJZ 24(7–8):co 281–co 286

Schwengelbeck M (2007) Die Politik des Zeremoniells. Huldigungsfeiern im langen 19. Jahrhundert. Campus, Frankfurt am Main

Stolleis M (2006) Recht im Unrecht. Studien zur Rechtsgeschichte des Nationalsozialismus, 2. Aufl. Suhrkamp, Frankfurt am Main

Stürmer M (1983) Das ruhelose Reich. Deutschland 1866–1918. Siedler, Gütersloh
Stürmer M (1984) Die Reichsgründung. Deutscher Nationalstaat und europäisches Gleichgewicht im Zeitalter Bismarcks. dtv, München
Tenfelde K (1981) Sozialgeschichte der Bergarbeiterschaft an der Ruhr im 19. Jahrhundert, 2. Aufl. Neue Gesellschaft, Bonn
Tormin W (1966) Geschichte des deutschen Parlamentarismus. Verlag für Literatur und Zeitgeschehen, Hannover
Voigt R (Hrsg) (2018) Handbuch Staat, Bd 2. Springer VS, Wiesbaden
Voigt R (Hrsg) (2020) Aufbruch zur Demokratie. Die Weimarer Reichsverfassung als Bauplan für eine demokratische Republik. Nomos, Baden-Baden
Wehler H-U (1995) Deutsche Gesellschaftsgeschichte. Dritter Band. C. H. Beck, München
Wiederin E (2015) Ernst Rudolf Huber und das Verfassungsrecht im „Dritten Reich". In: Grothe E (Hrsg) Ernst Rudolf Huber. Staat – Verfassung – Geschichte. Nomos, Baden-Baden, S 199–228
Zeh W (1978) Parlamentarismus. Historische Wurzeln – Moderne Entfaltung. R. v. Decker's Verlag, G. Schenck, Heidelberg/Hamburg

2 Die verfassungsmäßige Basis der Gesetzgebung

2.1 Die Organisation des Gesetzgebungsverfahrens im Kaiserreich als verfassungsmäßige Basis der Gesetzgebung

Kap. II. der Reichsverfassung regelte die Reichsgesetzgebung. Das Verfahren dazu musste 1871 für das neugegründete Reich erst noch aufgebaut werden. Denn die Verfassung sah lediglich vor, dass Reichsgesetze durch die Übereinstimmung der Mehrheitsbeschlüsse von Bundesrat und Reichstag zustande kamen (Art. 5 Abs. 1 Satz 2 RV) und nach ihrer Verkündigung im Reichsgesetzblatt in Kraft traten (Art. 2 Satz 2 RV). Auch für Verfassungsänderungen genügten einfache Mehrheitsbeschlüsse, sodass Bundesrat und Reichstag die Kompetenz-Kompetenz besaßen,[1] allerdings mit der Maßgabe einer Sperrminorität von 14 Stimmen im Bundesrat, die Preußen mit seinen 17 Stimmen allein aufbringen konnte (Art. 78 Abs. 1 RV). Alle Reichstagsbeschlüsse, auch verfassungsändernde, wurden mit absoluter Mehrheit der anwesenden Stimmen gefasst. Dabei musste die Mehrheit der gesetzlichen Zahl der Reichstagsmitglieder anwesend sein.[2] Bei jedem Gesetzentwurf mussten als Ausgangspunkt für jedes Verfahren die Bindungen und Funktionen der Gesetzgebung berücksichtigt werden.

---

[1] Zippelius (1994), S. 117.
[2] Stürmer (1983), S. 110.

2.1.1 Bindungen und Funktionen der Gesetzgebung im Kaiserreich

Da die Reichsverfassung keine Grundrechte aufgenommen hatte, welche die Gesetzgebung beschränkten, galten an deren Stelle als *Bindungen* die verbindlichen „Sittlichkeitsgebote" und religiösen „Naturrechte",[3] die von der Staatsrechtslehre, deren dominantester Vertreter *Paul Laband* (1838–1918) war,[4] gestaltet und weiterentwickelt wurden. Die Gesetzgebung im Kaiserreich schaffte positives Recht (Positivismus) in einem verfassungsrechtlich allerdings nur in Grundzügen geordneten Verfahren als Voraussetzung für den Rechtsverkehr, für die Ausübung der öffentlichen Verwaltung und – mit Einschränkungen – des Gerichtswesens, das im Wesentlichen Sache der Länder blieb. Die Verfassung ließ Änderungen und Verfassungsdurchbrechungen zu. Für die staatliche Sozialgestaltung, die immer wieder an soziale, ökonomische und sicherheitspolitische Entwicklungen anzupassen war, bot die Verfassung genügend Flexibilität, weil Hürden gegen Verfassungsänderungen nur im Bundesrat angesiedelt waren, nicht aber im Reichstag.[5] Hier gab es zwar keine Volksparteien mit einer breiten, sozial und konfessionell gemischten Wählerschaft. Vielmehr grenzten sich die Parteien (Politische Lager) ideologisch und soziologisch mehr oder weniger strikt voneinander ab. Jede Partei war eng mit bestimmten sozialen Gruppen, Klassen oder „sozialmoralischen Milieus"[6] verbunden, deren jeweilige Interessen und Ziele sie im politischen Raum vertrat.[7] Aber bei aller Ideologie behielten die im Reichstag vertretenen Parteien überwiegend gesamtdeutsche Interessen,[8] denn alle Fraktionen hatten sich als „Reichsparteien" konstituiert.[9] Die Gesetze übten folglich auch im Kaiserreich zunehmend die *Funktion* aus, die Rechtsordnung vom strengen Föderalismus zu mehr unitarischen Formen weiterzuentwickeln und die sozialen Beziehungen als öffentliche Angelegenheit und damit letztlich Sache des Volkes zu ordnen. Dies erfolgte durch verschiedene Formen von Gesetzen.

2.1.2 Formen von Gesetzen im Deutschen Reich

Das *positive Recht* entstand in verfassungsrechtlich geordneten Verfahren nach Art. 2 ff. RV. Dagegen spielte das *Gewohnheitsrecht*, ein ungeschriebenes Recht, das nicht durch ein förmliches Rechtsetzungsverfahren zustande kommt, sondern

---

[3] Vgl. Möllers (2020), S. 524.
[4] Stolleis (2006), S. 341.
[5] Menger (1988), S. 151, Rn. 304.
[6] Lepsius (1966), S. 373 ff.
[7] Heyer (2018), S. 107 ff.
[8] Menger (1988),17), S. 152, Rn. 305.
[9] Stürmer (1974), S. 41; Huber (1988), S. 778 f.; vgl. insgesamt Gabler (1934).

2.1 Die Organisation des Gesetzgebungsverfahrens im Kaiserreich als …

durch „längere tatsächliche Übung, die eine dauernde und ständige, gleichmäßige und allgemeine ist und von den Beteiligten als verbindliche Rechtsnorm anerkannt wird",[10] auf Reichsebene eine eher untergeordnete Rolle. Jedoch war das Gewohnheitsrecht seit dem Römischen Recht eine eigenständige Rechtsquelle, die neben dem formellen Gesetz anerkannt war[11] und sich auch in der Rechtsprechung des 1879 neu errichteten höchsten Reichsgerichts wiederfindet.[12] Von Bedeutung war das *Völkergewohnheitsrecht*, das aber nicht ausdrücklich bindender Bestandteil des deutschen Reichsrechts war, sondern nur Staaten berechtigte und verpflichtete, nicht aber die einzelnen Menschen.[13] Daher war die Gesetzgebung in förmlichen Verfahren auf Reichsebene durch die Reichsverfassung und auf Länderebene durch die Verfassungen der Länder geregelt, zum Beispiel in Preußen nach den Art. 62 ff. VerfPreuß.

Die Gesetzgebung im Kaiserreich und in den Gliedstaaten beruhte auf unterschiedlichen Formen von Rechtsetzungsakten. Gesetze im *formalen* Sinne wurden im Reich von Bundesrat und Reichstag als Legislativorgane gemäß Art. 5 RV verabschiedet. Die Gesetzgebungsorgane der Bundesstaaten beschlossen die Gesetze für ihr Staatsgebiet. In Preußen z. B. waren dies nach Art. 62 ff. VerfPreuß der König und die beiden Kammern „Herrenhaus" und „Haus der Abgeordneten". Daneben gab es auch Gesetze im *materiellen* Sinne. Denn der Bundesrat hatte nach Art. 7 Abs. 1 Nr. 2 RV das Recht, *Rechtsverordnungen* nach Maßgabe der Reichsgesetze und allgemeine *Verwaltungsvorschriften* zur Ausführung der Reichsgesetze zu erlassen. Die Regierungen in den Bundesstaaten hatten das Recht, *Verordnungen* als allgemeine Anordnungen der vollziehenden Gewalt (z. B. Art. 45 Satz 3 VerfPreuß) sowie allgemeine Verwaltungsvorschriften zur Ausführung der Reichsgesetze zu erlassen. Diese Verordnungen und Verwaltungsvorschriften wurden von den Menschen im Kaiserreich *materiell* wie Gesetze erlebt. Da zudem die Gemeinden und Gemeindeverbände (z. B. Art. 105 Nr. 3 VerfPreuß) das Recht der Selbstverwaltung innerhalb der Schranken der Gesetze hatten, erfuhren die Menschen als *materielles* Gesetz auch deren *Satzungen*. Durch dieses Instrument der Satzungsgebung konnten die Gemeinden im deutschen Kaiserreich alle Angelegenheiten der örtlichen Gemeinschaft in eigener Verantwortung regeln.

Neben dem gesetzten Recht in Form von Parlamentsgesetzen, Verordnungen und Verwaltungsvorschriften sowie kommunalen Satzungen bildete außerdem auch schon das sog. *Richterrecht* in der Rechtswirklichkeit des Kaiserreichs eine Rolle. Denn dieses Richterrecht entsteht, wenn Rechtsfragen, die gesetzlich nicht, nicht eindeutig, nicht vollständig oder nicht befriedigend geregelt sind, von einem oder mehreren Gerichten quasi in Vertretung des Gesetzgebers immer wieder in einem gleichen Sinne entschieden und so zur Richtschnur für andere Gerichte oder Rechtsanwender werden.[14] Für das Gerichtswesen waren vor allem die Länder zuständig.

---

[10] BVerfGE 122, 148 [269].
[11] Scheuermann (1972), S. 85 ff.; Kaser (1986), S. 24.
[12] Vgl. RGZ 2, 183 [185]; 3, 210 [212]; 12, 292; 20, 305.
[13] Anschütz (1960), S. 63.
[14] Vgl. Kastner (2018), S. 1885 f.

Erst 1879 wurde in Leipzig das Reichsgericht geschaffen, das seine Tätigkeit als oberster deutscher Gerichtshof aufnahm, allerdings keine verfassungsgerichtliche Instanz war.[15] Dieses wurde nach Art. 19, 76, 77 RV dem Bundesrat zugeteilt.[16]

Das Richterrecht entfaltete jedoch keine dem Gesetzesrecht gleichkommende Wirkung, sondern Ausgangspunkt für das gesetzte Recht waren die formalen Parlamentsgesetze, für die es unterschiedliche Anlässe gab und die überwiegend von der Bürokratie entworfen wurden.

2.1.3 Anlässe für Gesetzesvorhaben und die Urheber der Gesetzentwürfe

Anlässe für Gesetzesvorhaben waren vor allem die Lebensverhältnisse, insbesondere die durch die Industrielle Revolution bedingte große Armut im Reich.[17] Die Gesellschaftsstruktur war geprägt von der Dominanz des Adels, die Theodor Fontane 1894 als „traurige Figuren" beschrieb,[18] und des Offizierskorps. Gegen diese Gesellschaftsstruktur lehnte sich das Bürgertum auf, sodass es zu innenpolitischen Konfliktlinien kam. Markiert wurden sie etwa durch Bismarcks Sozialpolitik, den Kulturkampf und die Unterdrückung der Frauen im Kaiserreich. Die Folge waren Massenorganisationen. Die Menschen organisierten sich in politischeParteien und Interessenverbände und entsandten ihre Vertreter in den Reichstag, die dafür sorgen sollten, dass sich die Verhältnisse änderten.[19]

Dennoch gingen die meisten Gesetzentwürfe vom Bundesrat aus und wurden in der Bürokratie entworfen: Anfänglich legte die preußische Verwaltung sie vor, später die Verwaltung der Reichsämter. Als Präsidialvorlagen wurden die Gesetzentwürfe zuerst im Bundesrat und dann im Reichstag behandelt.[20] Die Vorlagen des Bundesrats erfuhren im Reichstag regelmäßig Änderungen, ehe sie verabschiedet wurden. Denn der Reichstag gestaltete die Entwürfe oft erheblich um, sodass eine erneute Beratung darüber im Bundesrat notwendig wurde. Und meistens nahm der Bundesrat die Änderungen hin. „So entschärfte der Reichstag [...] 1874 das Reichspressegesetz, verhinderte 1875 die Novellierung des Strafgesetzbuches gegen die SPD, nahm 1878 das Sozialistengesetz erst nach Auflösung und Neuwahl an, wies 1894/95 die Umsturzvorlage und 1899 die Zuchthausvorlage zurück, ließ 1881 den von Bismarck gewollten Volkswirtschaftsrat, 1882 das Tabakmonopol und 1886 das Branntweinmonopol scheitern und baute 1881/1884 das Unfallversicherungsgesetz

---

[15] Halder (2011), S. 45.
[16] Frotscher und Pieroth (2016), S. 212, Rn. 428.
[17] Vgl. zur Entwicklung der Armut infolge des Wandels vom Agrar- zum Industriestaat: Engelmann (1979), S. 346 ff.; Stürmer (1983), S. 41 f.
[18] So Engelmann (1979), S. 345.
[19] Halder (2011), S. 20 ff.
[20] Fenske (1993), S. 21.

ganz erheblich in seinem Sinne um".[21] Trotz der restriktiven politischen Bedingungen baute der Reichstag also sein politisches Gewicht immer stärker aus.[22] Es kam „eine lange Reihe von Gesetzen zustande, die bemerkenswerte Reformen auf den Gebieten von Handel, Gewerbe und Industrie, Verkehr, Recht und Gesellschaft bewirkten".[23] Daher lag der Schwerpunkt der gesetzgebenden Entscheidungen vor allem beim Reichstag, sodass sich die Frage nach der Bindungswirkung der Gesetze stellt.

2.1.4 Die Bindungswirkung bei Gesetzen im Deutschen Kaiserreich

Die Gesetze hatten als parlamentarische Entscheidungen der Rechtsordnung gegenüber anderen Rechtsquellen Vorrang und Vorbehalt. Dies ergab sich aber – wegen des Fehlens einer *Bindungsklausel* in der Verfassung – nur allgemein aus den verbindlichen „Sittlichkeitsgeboten" und religiösen „Naturrechten". Es war im Deutschen Reich anerkannt, dass die vollziehende Gewalt strikt an Gesetz und Recht gebunden war. Aus dem Gesetzesvorrang ergab sich, dass die im ordentlichen Verfahren nach der RV erlassenen Gesetze allen anderen untergesetzlichen Rechtsnormen im Range vorgingen. Verordnungen, Verwaltungsvorschriften und Satzungen durften also nicht gegen die Reichsgesetze und erst recht nicht gegen die Reichsverfassung verstoßen; andernfalls waren sie wegen Verletzung höherrangigen Rechts rechtswidrig und damit – soweit der Verstoß reichte – ungültig. Die RV ließ aber Änderungen und Verfassungsdurchbrechungen zu.[24]

Während alle Bundesstaaten eine eigene Gesetzgebungskompetenz hatten, die bereits in Landesgesetzen umgesetzt war, mussten im Reich die Gesetze erst entstehen. Um Konflikte zu vermeiden, legte Art. 2 Satz 1 RV fest, dass die Reichsgesetze den Landesgesetzen vorgehen. Voraussetzung war, dass die Reichsgesetze nach dem Gesetzgebungsverfahren der Reichsverfassung zustande gekommen waren.

2.2 Die verfassungsmäßige Basis der Gesetzgebung in der Weimarer Republik

In einer Demokratie wird die Gesetzgebung immer durch zwei Verfassungsprinzipien begrenzt, nämlich durch das *Demokratieprinzip*, das sich in der WRV aus Art. 1 Abs. 2 ergibt, und das *Rechtsstaatsprinzip*, das sich aus verschiedenen

---

[21] Fenske (1993), S. 21 f.
[22] Zeh (1978), S. 46; Fenske (1989), S. 67.
[23] Meier (2001), S. 90.
[24] Menger (1988), S. 151, Rn. 304.

Vorschriften der WRV speist und tatsächlich etabliert wurde.[25] Z. B. wurde Gewaltenteilung durch das Repräsentativsystem einschließlich seines pluralen Parteiensystems institutionalisiert, ebenso durch die föderalen Brechungen und den durch Art. 165 festgesetzten wirtschaftlichen und sozialen Räteparlamentarismus.[26] Die Länder agierten homogen, denn Art. 17 Abs. 1 Satz 1 schrieb vor, dass jedes Land eine freistaatliche Verfassung haben musste. Da außerdem nach Art. 13 Abs. 1 Reichsrecht Landrecht brach, war insofern die Gesetzgebung in Reich und Ländern auf eine gleichartige verfassungsrechtliche Basis gestellt.

2.2.1 Bindungen und Funktionen der Gesetzgebungin der Weimarer Republik

Wesentliches Element des Demokratieprinzips ist die Souveränität des Volkes, also eines Zusammenschlusses einer größeren Zahl von Menschen, die durch eine einheitliche Rechtsordnung und ein gemeinsames Staatsziel zu einer Gesellschaft wird.[27] Die einheitliche Rechtsordnung begründet als Grundlage des Rechtsstaatsprinzips die *Gerechtigkeit als Rechtsidee*.[28] Nach Art. 1 Abs. 2 WRV ging alle Staatsgewalt vom Volke aus und die Gerechtigkeit als Rechtsidee war schon in der Präambel der WRV verankert. Die Gesetzgebung in der Weimarer Republik schaffte „positives" Recht in einem verfassungsrechtlich geordneten Verfahren als Voraussetzung für den Rechtsverkehr, für die Ausübung der öffentlichen Verwaltung und des Gerichtswesens sowie für die staatliche Sozialgestaltung, die immer wieder an soziale, ökonomische und sicherheitspolitische Entwicklungen anzupassen war.[29] Die Gesetze übten folglich auch unter der WRV die *Funktion* aus, die Rechtsordnung weiterzuentwickeln und die sozialen Beziehungen als öffentliche Angelegenheit (res publica) und damit Sache des Volkes zu ordnen. Ein gerechtes Gesetz konnte deshalb nur das sein, das mit der Verfassung übereinstimmte. Es unterlag außerdem den Normen und Vertragspflichten des internationalen Völkerrechts, wie Art. 4 bestimmte.

An Stelle der früher vor 1919 in Deutschland verbindlichen „Sittlichkeitsgebote" und religiösen „Naturrechte", welche die Gesetzgebung bestimmten, traten in der WRV erstmals die Grundrechte bei der Gesetzgebung in den Fokus. Sie wurden in den zweiten Hauptteil der WRV aufgenommen und begannen in Art. 109 Abs. 1 mit dem allgemeinen Gleichheitssatz und der Gleichberechtigung von Frauen und Männern, gefolgt von den FreiheitsrechtenFreizügigkeit (Art. 111), Freiheit der Person (Art. 114), Unverletzlichkeit der Wohnung (Art. 115), Gesetzlichkeitsprinzip

---

[25] Kühne (2018), S. 285.
[26] Kühne (2018), ebd.
[27] Cicero (1987), S. I 39.
[28] Aristoteles (2006), S. 47 ff.
[29] Vgl. Badura (2015), S. 9; Hesse und Ellwein (2012), S. 364.

2.2 Die verfassungsmäßige Basis der Gesetzgebung in der Weimarer Republik

(Art. 116), Briefgeheimnis sowie das Post-, Telegrafen- und Fernsprechgeheimnis (Art. 117), Meinungsfreiheit (Art. 118), Versammlungsfreiheit (Art. 123), Vereinigungsfreiheit (Art. 124), Glaubens und Gewissensfreiheit (Art. 135), Kunst- und Wissenschaftsfreiheit (Art. 142), Eigentumsfreiheit (Art. 153). Auch das Ziel der Gewährleistung eines menschenwürdigen Daseins war in Art. 151 Abs. 1 Satz 1 festgeschrieben. Die Grundrechte gaben daher auch schon in der Weimarer Reichsverfassung – wenn auch in erheblich abgeschwächter Form – eine fassbare Wertordnung, die Rahmen und Richtschnur der Gesetzgebung war und den Staat, die Gesellschaft, das Recht und die Kultur integrierte.[30] Als in Form gegossene Politik wurde diese Wertordnung in der Weimarer Republik permanent erlebbar,[31] bis die Nationalsozialisten 1933 die Macht ergriffen und die Verfassung aushebelten. Bis dahin haben diese genannten Bindungen und Funktionen der Gesetzgebung unter der WRV unterschiedliche Formen von Gesetzen entwickelt.

2.2.2 Formen von Gesetzen in der Weimarer Republik

Das „positive" Recht entstand in verfassungsrechtlich geordneten Verfahren nach Art. 68 ff. WRV. Dagegen spielte das *Gewohnheitsrecht* schon in der Weimarer Republik auf Reichsebene praktisch keine Rolle. Einzige Ausnahme bildete das Völkergewohnheitsrecht, das über Art. 4 ausdrücklich als bindende Bestandteile des deutschen Reichsrechts galt.[32] So war die Gesetzgebung auf Reichsebene durch die WRV und auf Länderebene durch die Verfassungen der Länder geregelt.

„Gesetzgebung" beruhte jedoch auf unterschiedlichen Formen von Rechtsetzungsakten. Neben den *formalen* Gesetzen, die vom Reichstag als Legislative gemäß Art. 68 ff. oder von den Länderparlamenten verabschiedet wurden, unterschied die Staatsrechtslehre in Weimar auch Gesetze im *materiellen* Sinne.[33] Denn Art. 48 Abs. 2 erlaubte dem Reichspräsidenten, die zur Wiederherstellung der öffentlichen Sicherheit und Ordnung nötigen Maßnahmen zu treffen und erforderlichenfalls mit Hilfe der bewaffneten Macht einzuschreiten. Zu diesem Zweck durfte er sogar vorübergehend die in den Art. 114, 115, 117, 118, 123, 124 und 153 festgesetzten Grundrechte ganz oder zum Teil außer Kraft setzen. Nach Art. 48 Abs. 4 konnten bei Gefahr im Verzuge auch die Landesregierungen für ihr Gebiet einstweilige Maßnahmen dieser in Abs. 2 bezeichneten Art treffen.

Auch die Reichsregierung hatte nach Art. 179 Abs. 2 das Recht, *Verordnungen* als allgemeine Anordnungen der vollziehenden Gewalt[34] sowie nach Art. 77 allgemeine Verwaltungsvorschriften zur Ausführung der Reichsgesetze zu erlassen. Diese Verordnungen und Verwaltungsvorschriften wurden von den Menschen im

---

[30] Vgl. Badura (2015), S. 13.
[31] Smend (2010), S. 82; 136, 218 ff.
[32] Anschütz (1960), S. 67.
[33] Anschütz (1960), S. 358.
[34] Schoen (1914), S. 302; Anschütz (1960), S. 765.

Reich *materiell* wie Gesetze erlebt. Da zudem die Gemeinden und Gemeindeverbände nach Art. 127 das Recht der Selbstverwaltung innerhalb der Schranken der Gesetze hatten, erfuhren die Menschen als *materielles* Gesetz deren *Satzungen*. Durch dieses Instrument der Satzungsgebung konnten die Gemeinden im Deutschen Reich alle Angelegenheiten der örtlichen Gemeinschaft in eigener Verantwortung regeln.

Neben dem gesetzten Recht in Form von Parlamentsgesetzen, präsidialen Notverordnungen, Verordnungen und Verwaltungsvorschriften der Reichsregierung sowie kommunalen Satzungen bildete außerdem das sog. *Richterrecht* in der Rechtswirklichkeit der Weimarer Republik eine wichtige Rolle. Denn dieses Richterrecht entstand, wenn Rechtsfragen, die gesetzlich nicht, nicht eindeutig, nicht vollständig oder nicht befriedigend geregelt waren, von einem oder mehreren Gerichten quasi in Vertretung des Gesetzgebers immer wieder in einem gleichen Sinne entschieden wurden und so zur Richtschnur für andere Gerichte oder Rechtsanwender wurden.[35] Vor allem erfolgte die Rechtsfortbildung durch den Staatsgerichtshof.[36] Das Richterrecht entfaltete jedoch keine dem Gesetzesrecht gleichkommende Wirkung, sondern Ausgangspunkt für das gesetzte Recht waren die formalen Parlamentsgesetze, für die es unterschiedliche Anlässe gab.

2.2.3 Anlässe für Gesetzesvorhaben in der Weimarer Republik und die Bindungswirkung in der WRV

Soziale, ökonomische und sicherheitspolitische Entwicklungen führten während der Weimarer Republik dazu, dass Gesetze häufig durch besondere Ereignisse (z. B. Aufstände und Putsche) entstanden und nicht durch Wahlkampf oder Regierungserklärungen frühzeitig verkündet wurden. Durch die Institutionalisierung des pluralen Parteiensystems standen aber gesetzgeberische Vorhaben erstmals in Parteiprogrammen, sodass sie sorgfältig geplant werden konnten. Im Reichstag bestimmten die Parteien und Fraktionen die Organisation und das Verfahren für die Gesetzgebung.[37]

Die Gesetze hatten als parlamentarische Entscheidungen der Rechtsordnung gegenüber anderen Rechtsquellen Vorrang und Vorbehalt. Dies ergab sich aber nur allgemein aus dem Rechtsstaatsprinzip, da die WRV keine *Bindungsklausel* aufwies. Dennoch galt auch in der Weimarer Republik, dass die vollziehende Gewalt strikt an Gesetz und Recht gebunden war. Aus dem Gesetzesvorrang ergab sich, dass die vom demokratisch legitimierten Parlament erlassenen Gesetze allen anderen untergesetzlichen Rechtsnormen im Range vorgingen. Verordnungen, Verwaltungsvorschriften und Satzungen durften also nicht gegen Parlamentsgesetze und

---

[35] Vgl. Kastner (2018), S. 1885 f.
[36] Gusy (2018), S. 156.
[37] Gusy (2018), S. 157.

erst recht nicht gegen die Weimarer Reichsverfassung verstoßen; andernfalls waren sie wegen Verletzung höherrangigen Rechts rechtswidrig und damit – soweit der Verstoß reichte – ungültig. Die vom Reichstag erlassenen Gesetze mussten sich ihrerseits formell und materiell in dem durch die WRV vorgegebenen Rahmen halten, damit sie Rechtswirksamkeit entfalteten. Hatte der Reichspräsident Zweifel an der Verfassungsmäßigkeit, konnte er nach Art. 73 Abs. 1 u. 4, Art. 74 Abs. 3 einen Volksentscheid veranlassen. Ähnliche Rechte zur Volksabstimmung standen auch Teilen der Reichstagsabgeordneten (nach Art. 73 Abs. 2 u. 3) und dem Reichsrat zu, der Länderkammer im Deutschen Reich. Das förmliche Parlamentsgesetz machte den Kern der Gesetzgebung aus, sodass sich die Frage nach der Gesetzgebungskompetenz des Reichs in Abgrenzung zur Gesetzgebungskompetenz der Länder stellt und im nächsten Abschnitt analysiert wird.

2.3 Die verfassungsmäßige Basis der Gesetzgebungim Bonner Grundgesetz

Wie bereits zur WRV festgestellt, wird die Gesetzgebung in Demokratien immer durch zwei Verfassungsprinzipien begrenzt, nämlich durch das *Demokratieprinzip* und das *Rechtsstaatsprinzip*, die in Deutschland seit Verabschiedung des Grundgesetzes 1949 beide in Art. 20 GG verankert sind. Darüber hinaus wird die Gesetzgebung durch weitere Verfassungsprinzipen beeinflusst, vor allem durch das *Bundesstaats-* und das *Sozialstaatsprinzip*, die – wie das *Republikprinzip*, das nur wenig die Gesetzgebung tangiert, – ebenfalls in Art. 20 GG festgeschrieben sind. Diese fünf Verfassungsprinzipien sind durch Art. 79 Abs. 3 GG, der sog. *Ewigkeitsklausel*, in ihren Kernelementen einer Verfassungsänderung komplett entzogen. Demokratie, Rechts- und Sozialstaatlichkeit sind über das sog. *Homogenitätsprinzip* des Art. 28 Abs. 1 GG auch für die Verfassungsordnungen der Bundesländer vorgeschrieben. Insofern ist die Gesetzgebung in Bund und Ländern auf eine gemeinsame verfassungsrechtliche Basis gestellt.

2.3.1 *Bindungen und Funktionen der Gesetzgebung im demokratischen Verfassungsstaat*

Wesentliches Element des Demokratieprinzips ist die Volkssouveränität (Art. 20 Abs. 2 Satz 1 GG). Danach geht alle Staatsgewalt vom Volke aus. Daraus folgt, dass auch die Gesetzgebung auf das Volk zurückgeführt sein muss.

> *„Volk aber ist nicht jede beliebig zusammengewürfelte Anhäufung von Menschen, sondern der Zusammenschluss einer größeren Zahl, die durch eine einheitliche Rechtsordnung und ein gemeinsames Staatsziel zu einer Gesellschaft wird."*[38]

Die einheitliche Rechtsordnung als Grundlage des Rechtsstaatsprinzips begründet die *Gerechtigkeit als Rechtsidee*. Nach Art. 20 Abs. 3 GG – und abgesichert durch Art. 79 Abs. 3 GG – sind *alle* staatlichen Gewalten an die verfassungsmäßige Ordnung, an Gesetz und Recht gebunden. Die *Gerechtigkeit als Rechtsidee* ist deshalb Element des Staates.[39]

Der Rahmen ist somit beschrieben: Die Gesetzgebung schafft „positives" Recht in einem verfassungsrechtlich geordneten Verfahren als Voraussetzung für den Rechtsverkehr, für die Ausübung der öffentlichen Verwaltung und des Gerichtswesens sowie für die staatliche Sozialgestaltung, die immer wieder an soziale, ökonomische und sicherheitspolitische Entwicklungen anzupassen ist.[40] Das Gesetz übt folglich die *Funktion* aus, die Rechtsordnung weiterzuentwickeln und die sozialen Beziehungen als öffentliche Angelegenheit (res publica) und damit Sache des Volkes zu ordnen. Ein gerechtes Gesetz kann deshalb nur das sein, das mit der Verfassung übereinstimmt. Es unterliegt außerdem den Normen und Vertragspflichten des internationalen Völkerrechts (Art. 25 GG) und den supranationalen *Bindungen* durch das Gemeinschaftsrecht der Europäischen Union (Art. 23 GG). Innerhalb dieses Rahmens beherrscht praktische Vernunft die Gesetzgebung,[41] die frei von Willkür und vor allem gerecht sein soll.[42]

Während früher in Europa traditionell „Sittlichkeitsgebote" und insbesondere religiöse „Naturrechte" für die Gesetzgebung verbindlich waren, sind heute vor allem die Freiheitsrechte der Bürgerinnen und Bürger bei der Gesetzgebung maßgeblich. Sie treten oft in Konkurrenz zu Sicherheitsanforderungen. So bildet die Europäische Union einen Raum der Freiheit, der Sicherheit und des Rechts, in dem die Menschenrechte und die verschiedenen Rechtsordnungen und -traditionen der Mitgliedstaaten geachtet werden (Art. 67 Abs. 1 AEUV). Dieser Raum wird durch die Gesetzgebung gestaltet, die durch die in den Grundrechten fassbare Wertordnung beherrscht wird. Die Wertordnung ist daher Rahmen und Richtschnur der Gesetzgebung, durch die Staat, Gesellschaft, Recht und Kultur integriert[43] und als „Inbegriff aller politischen Tätigkeit"[44] permanent erlebbar[45] werden. Diese Bindungen und Funktionen der Gesetzgebung haben unterschiedliche Formen von Gesetzen entwickelt.

---

[38] Cicero (1987), S. I 39.
[39] Aristoteles (2006), S. 47 ff.
[40] Badura (2015), S. 9; Hesse und Ellwein (2012), S. 364.
[41] Kant (2001), § 7.
[42] Badura (2015), S. 10.
[43] Badura (2015), S. 13.
[44] Llanque (2015), S. 332.
[45] Smend (2010), S. 82; 136, 218 ff.

2.3.2 Formen von Gesetzen nach dem Grundgesetz

Das durch den Staat geschaffene neuzeitliche Recht ist sog. „positives" Recht, das in verfassungsrechtlich geordneten Verfahren entsteht. Dagegen spielt das aus einer länger andauernden und auf Rechtsüberzeugung beruhenden Übung entstandene *Gewohnheitsrecht* kaum noch eine Rolle.[46] In Deutschland ist die Gesetzgebung auf Bundesebene durch das Grundgesetz und auf Landesebene durch die Verfassungen der Bundesländer geregelt. „Gesetzgebung" beruht jedoch auf unterschiedlichen Formen von Rechtsetzungsakten. Neben den *formalen* Gesetzen, die vom Deutschen Bundestag oder von einem der Länderparlamente verabschiedet werden, erlaubt Art. 80 GG der Bundesregierung, einzelnen Bundesministern sowie den Landesregierungen, *Rechtsverordnungen* zu erlassen, die für die Menschen *materiell* wie Gesetze erlebt werden. Beispiel ist etwa die Straßenverkehrs-Ordnung (StVO) mit Straf- und Bußgeldvorschriften. Voraussetzung dafür ist allerdings, dass Inhalt, Zweck und Ausmaß der erteilten Ermächtigung zuvor in einem Gesetz klar bestimmt ist. Daher ermächtigt § 6 Straßenverkehrsgesetz (StVG) – neben weiteren Ermächtigungen in anderen Vorschriften des StVG – das Bundesministerium für Verkehr und digitale Infrastruktur, Rechtsverordnungen zu erlassen und regelt sehr ausführlich über fast sieben Seiten Text, Inhalt, Zweck und Ausmaß dieser Ermächtigung. Weiterhin erfahren die Bürgerinnen und Bürger als materielles Gesetz *Satzungen*, allen voran die der Gemeinden und Gemeindeverbände. Denn den Kommunen gewährt Art. 28 Abs. 2 GG ein Selbstverwaltungsrecht, der sie zum Erlass von Satzungen berechtigt. Durch dieses Instrument können die Gemeinden alle Angelegenheiten der örtlichen Gemeinschaft im Rahmen der Verfassung sowie der Bundes- und Landesgesetze in eigener Verantwortung regeln.

Neben dem gesetzten Recht in Form von Parlamentsgesetzen, Rechtsverordnungen und Satzungen bildet außerdem das sog. *Richterrecht* in der Rechtswirklichkeit eine wichtige Rolle. Richterrecht entsteht, wenn Rechtsfragen, die gesetzlich nicht, nicht eindeutig, nicht vollständig oder nicht befriedigend geregelt sind, von einem oder mehreren Gerichten quasi in Vertretung des Gesetzgebers immer wieder in einem gleichen Sinne entschieden werden und so zur Richtschnur werden für andere Gerichte oder Rechtsanwender.[47] Allerdings entfalten selbst die Entscheidungen der obersten Gerichte, allen voran des Bundesverfassungsgerichts, keine dem Gesetzesrecht gleichkommende Wirkung.[48] Ausgangspunkt sind also die formalen Parlamentsgesetze, für es unterschiedliche Anlässe gibt.

---

[46] Badura (2015), S. 653.
[47] Kastner (2018), S. 1885 f.
[48] BVerfGE 131, 20 [42], Rn. 81; Jarass und Pieroth (2020), Art. 20, Rn. 53.

2.3.3 Anlässe für Gesetzesvorhaben nach dem Grundgesetz

Wie in der Weimarer Republik führen auch in der Bundesrepublik soziale, ökonomische und sicherheitspolitische Entwicklungen dazu, dass Gesetze häufig durch besondere Ereignisse entstehen. Das können z. B. Pandemien sein, wie jüngst die Corona-Pandemie in Deutschland, aber auch Massendemonstrationen, wie etwa die Jugendbewegung „Fridays for future", welche in wöchentlichen Demonstrationen in ganz Deutschland und auch in anderen Staaten weltweit darauf aufmerksam machen, dass die Staaten wirksame Maßnahmen für den Klimaschutz ergreifen. Auch Bedrohungen durch Kriminalität und Terrorismus veranlassen immer neue Gesetze. Und die technische Entwicklung, insbesondere das Internet, zwingt die Staatsorgane dazu, neue Regelungen aufzustellen, zum Beispiel zum Datenschutz, zur Eindämmung von Hass und Hetze im Netz und zur Bekämpfung von Kinderpornografie. Solche geplanten Gesetze werden durch Wahlkampf oder Regierungserklärungen frühzeitig verkündet. Durch die Institutionalisierung des pluralen Parteiensystems stehen aber gesetzgeberische Vorhaben erstmals auch in Parteiprogrammen und Koalitionsverträgen, sodass sie sorgfältig geplant werden können. Im Bundestag bestimmen die Parteien und Fraktionen die Organisation und das Verfahren für die Gesetzgebung.[49]

Literatur

Abel W, Borchardt K, Kellenbenz H, Zorn W (Hrsg) (1966) Wirtschaft, Geschichte und Wirtschaftsgeschichte. Festschrift zum 65. Geburtstag von Friedrich Lütge. Fischer, Stuttgart

Andersen U, Woyke W (Hrsg) (2003) Handwörterbuch des politischen Systems der Bundesrepublik Deutschland, 5. Aufl. Leske + Budrich, Opladen

Anschütz G (1960) Die Verfassung des Deutschen Reichs vom 11. August 1919. Kommentar, unveränderter fotomechanischer Nachdruck der 14. Aufl., Berlin 1933. Gehlen, Bad Homburg vor der Höhe

Aristoteles (2006) Politik (Πολιτικά „Dinge, die die Stadt betreffen". [4. Jh. v.Chr.]), übers. und Hrsg von Olof Gigon, 10. Aufl. dtv, München

Badura P (2015) Staatsrecht, Systematische Erläuterung des Grundgesetzes für die Bundesrepublik Deutschland, 6. Aufl. C. H. Beck, München

Bundeszentrale für politische Bildung (Hrsg) (1989) Deutsche Verfassungsgeschichte 1849 – 1919 – 1949. BpB, Bonn

Cicero MT (1987) Der Staat/De re publica (54 BC), lat.-dt. Ausgabe, herausgegeben und übersetzt von Karl Büchner, 4. Aufl. Reclam, München/Zürich

Engelmann B (1979) Preußen. Land der unbegrenzten Möglichkeiten. Büchergilde Gutenberg, München

Fenske H (1989) Bismarck und die Verfassung des Kaiserreichs. In: Bundeszentrale für politische Bildung (Hrsg) Deutsche Verfassungsgeschichte 1849 – 1919 – 1949. BpB, Bonn, S 61–67

Fenske H (1993) Deutsche Verfassungsgeschichte. Vom Norddeutschen Bund bis heute, 4. Aufl. Colloquium, Berlin

Friedrich-Ebert-Stiftung (Hrsg) (2018) Archiv für Sozialgeschichte, Bd 58. FES, Bonn

---

[49] Sannwald (2003), S. 459 ff.

Literatur

Frotscher W, Pieroth B (2016) Verfassungsgeschichte, 15. Aufl. C. H. Beck, München
Gabler H (1934) Die Entwicklung der deutschen Parteien auf landschaftlicher Grundlage von 1871–1912. Mohr Siebeck, Tübingen
Gusy C (2018) 100 Jahre Weimarer Reichsverfassung. Eine gute Verfassung in schlechter Zeit. Mohr Siebeck, Tübingen
Halder W (2011) Innenpolitik im Kaiserreich 1871–1914, 3. Aufl. Wissenschaftliche Buchgesellschaft, Darmstadt
Hesse JJ, Ellwein T (2012) Das Regierungssystem der Bundesrepublik Deutschland, 10. Aufl. Nomos, Baden-Baden
Heyer A (2018) Die ersten Volksparteien? Ein vergleichender Blick auf das Demokratieverständnis früher Parteiorganisationen im Deutschen Kaiserreich, in Großbritannien und in den Niederlanden (1860–1880). In: Friedrich-Ebert-Stiftung (Hrsg) Archiv für Sozialgeschichte, Bd 58. FES, Bonn, S 107–124
Huber ER (1988) Deutsche Verfassungsgeschichte seit 1789, Bd III, Bismarck und das Reich, 3. Aufl. Kohlhammer, Stuttgart/Berlin/Köln/Mainz
Jarass HD, Pieroth B (2020) Grundgesetz für die Bundesrepublik Deutschland, Kommentar, 16. Aufl. C. H. Beck, München
Kant I (2001) Kritik der praktischen Vernunft. Grundlegung zur Metaphysik der Sitten (Hrsg Wilhelm Weischedel), 22. Aufl. Suhrkamp, Frankfurt am Main
Kaser M (1986) Römische Rechtsquellen und angewandte Juristenmethode. Ausgewählte, zum Teil grundlegend erneuerte Abhandlungen. Böhlau, Wien/Köln/Graz
Kastner M (2018) Richterrecht. In: Möllers MHW (Hrsg) Wörterbuch der Polizei, 3. Aufl. C. H. Beck, München, S 1885–1886
Kühne J-D (2018) Die Entstehung der Weimarer Reichsverfassung. Grundlagen und anfängliche Geltung. Droste, Düsseldorf
Laband P, Wach A, Wagner A, Jellinek G, Lamprecht K, von Liszt F, von Schanz G, Berolzheimer F (Hrsg) (1914) Handbuch der Politik, Bd 1, 2. Aufl. Rothschild, Berlin/Leipzig
Lepsius MR (1966) Parteiensystem und Sozialstruktur. Zum Problem der Demokratisierung der deutschen Gesellschaft. In: Abel W, Borchardt K, Kellenbenz H, Zorn W (Hrsg) Wirtschaft, Geschichte und Wirtschaftsgeschichte. Fischer, Stuttgart, S 371–393
Llanque M (2015) Die politische Theorie der Integration: Rudolf Smend. In: Brodocz A, Schaal GS (Hrsg) Politische Theorien der Gegenwart I, 4. Aufl. Barbara Budrich, Opladen/Toronto, S 323–350
Meier C (2001) Die parlamentarische Demokratie. dtv, München
Menger C-F (1988) Deutsche Verfassungsgeschichte der Neuzeit, 6. Aufl. C. F. Müller, Heidelberg
Möllers MHW (Hrsg) (2018) Wörterbuch der Polizei, 3. Aufl. C. H. Beck, München
Möllers MHW (2020) Gesetzgebung. In: Voigt R (Hrsg) Aufbruch zur Demokratie. Die Weimarer Reichsverfassung als Bauplan für eine demokratische Republik. Nomos, Baden-Baden, S 523–535
Sannwald R (2003) Parlamentarisches Verfahren. In: Andersen U, Woyke W (Hrsg) Handwörterbuch des politischen Systems der Bundesrepublik Deutschland, 5. Aufl. Leske + Budrich, Opladen, S 459–462
Scheuermann R (1972) Einflüsse der Historischen Rechtsschule auf die oberstrichterliche gemeinrechtliche Zivilrechtspraxis bis zum Jahre 1861. de Gruyter, Berlin/New York
Schoen P (1914) Die Verordnungen. In: Laband P et al (Hrsg) Handbuch der Politik, Bd 1, 2. Aufl. Rothschild, Berlin/Leipzig, S 301–312
Smend R (2010) Staatsrechtliche Abhandlungen und andere Aufsätze, 4. Aufl. Duncker & Humblot, Berlin
Stolleis M (2006) Recht im Unrecht. Studien zur Rechtsgeschichte des Nationalsozialismus, 2. Aufl. Suhrkamp, Frankfurt am Main
Stürmer M (1974) Regierung und Reichstag im Bismarckstaat 1871–1880. Cäsarismus oder Parlamentarismus. Droste, Düsseldorf
Stürmer M (1983) Das ruhelose Reich. Deutschland 1866–1918. Siedler, Gütersloh

Zeh W (1978) Parlamentarismus. Historische Wurzeln – Moderne Entfaltung. R. v. Decker's Verlag, G. Schenck, Heidelberg/Hamburg

Zippelius R (1994) Kleine deutsche Verfassungsgeschichte. Vom frühen Mittelalter bis zur Gegenwart, 3. Aufl. C. H. Beck, München

3
Die Träger der Staatsgewalt und ihre Gesetzgebungskompetenz

3.1 Die Träger der Staatsgewalt des Reichs und ihre Gesetzgebungskompetenz nach der Verfassung des Deutschen Reichs

Nach dem Verfassungstext waren Änderungen der Reichsverfassung nicht durch Vereinbarungen der verbündeten Staaten zu erreichen, sondern nur im Wege der Reichsgesetzgebung, die gemeinsam von Bundesrat und Reichstag durchgeführt werden musste. Verfassungsänderungen ließen außerdem Kompetenzverschiebungen zugunsten des Reichs und auf Kosten der Bundesstaaten zu. Sie wurden in der Praxis auch mehrfach vorgenommen.[1] Daraus ergibt sich, dass die Entscheidung über die Entwicklung des Reichs nicht bei den Bundesstaaten, die das Reich gründeten, lag, sondern bei den Körperschaftsorganen des Reichs. Dieses bildete deshalb den souveränen Staat. Als Träger der Staatsgewalt des Reichs waren die Mitgliedstaaten über ihre Vertreter im Bundesrat daher lediglich Mitträger der Reichssouveränität und an der Ausübung der Staatsgewalt auf Reichsebene beteiligt.[2] Nur bezüglich ihres jeweiligen Staatsgebiets waren die Gliedstaaten grundsätzlich Träger der Staatsgewalt. Sie behielten somit alle Kompetenzen, soweit die Reichsverfassung die Staatsgewalt nicht ausdrücklich oder sinngemäß dem Reich als souveräner Bundesstaat übertragen hatte.[3]

Die Staatsgewalt war insofern zwischen dem Reich als Zentralstaat und den Bundesstaaten horizontal aufgeteilt. Für die Zuständigkeit der Gesetzgebungskompetenz der Gliedstaaten sprach die Vermutung, die Gesetzgebungskompetenz des Reichs ergab sich unmittelbar aus der Verfassung.

---

[1] Menger (1988), S. 148, Rn. 290.
[2] Menger (1988), ebd.; Frotscher und Pieroth (2016), S. 219, Rn. 447; Hattenhauer (2021).
[3] Menger (1988), S. 148, Rn. 291.

3.1.1 Die Gesetzgebungskompetenz des Reichs

Die Verfassung unterschied noch nicht ausdrücklich zwischen ausschließlicher und konkurrierender Gesetzgebung. Mittelbar lässt sich der Unterschied aber aus den Regelungen selbst entnehmen. So ist von ausschließlicher Gesetzgebungskompetenz auszugehen, wenn bestimmte Materien direkt der Reichsgesetzgebung zugeordnet werden.

Die Verfassung übertrug dem Reich vor allem in Art. 4 RV die Gegenstände, die der Beaufsichtigung und Gesetzgebung durch das Reich unterlagen. Im Einzelnen waren es das Staatsbürgerschaftsrecht, die Bestimmungen über die Freizügigkeit und die Niederlassungsfreiheit, das Passwesen und die Fremdenpolizei, den Gewerbebetrieb und das Versicherungswesen sowie Bestimmungen über die Kolonisation und die Auswanderung nach außerdeutschen Ländern (Art. 4 Nr. 1 RV). Weiter hatte das Reich die Gesetzgebungskompetenz für das Zoll- und Handelswesen sowie die für die Zwecke des Reichs zu verwendenden Steuern (Art. 4 Nr. 2, Art. 35 RV). Das Reich konnte das Maß-, Münz- und Gewichtssystem ordnen, hatte die Kompetenz zur Gesetzgebung für das Notenbankwesen sowie das Banken- und Patentrecht und den Schutz des geistigen Eigentums (Art. 4 Nrn. 3–6 RV). Dem Reich stand auch der Schutz von Handel- und Schifffahrt im Ausland sowie das Konsulatswesen (Art. 56 RV) zu, ferner das Eisenbahn- (Art. 41 ff. RV) und Wasserstraßenbauwesen, der Flößereibetrieb, der Schiffsbetrieb- (Art. 54 f. RV) und Wasserstraßenunterhalt für interstaatliche Wasserstraßen sowie die Fluß- und Wasserzölle und das Post- und Telegrafenwesen (Art. 4 Nr. 7–10; Art. 48 ff. RV). Darüber hinaus hatte das Reich die Gesetzgebungskompetenz für die länderübergreifende Vollstreckung im Zivilrecht, das Recht öffentlicher Urkunden, das Schuld-, Straf-, Handels- und Gerichtsverfassungsrecht, das Kriegsmarinewesen (Art. 53 RV) und die Militärangelegenheiten des Reichs (Art. 57 ff. RV), außerdem das Medizinal- und Veterinärpolizeirecht sowie das Vereins- und Presserecht (Art. 4 Nr. 11–16 RV). Bezüglich der Heimats- und Niederlassungsverhältnisse, des Eisenbahnwesens und des Post- und Telegrafenwesens erstreckte sich die Reichsgesetzgebungskompetenz allerdings nicht auf Bayern, das eigene Gesetze für diese Bereiche erlassen konnte. In Württemberg galt dies für das Post- und Telegrafenwesen (Art. 52 RV).

Neben diesen Bestimmungen in Art. 4 RV gab es aber auch in anderen Artikeln Zuständigkeiten des Reichs zur Gesetzgebung: Ausschließliche Gesetzgebung bestand für Verfassungsänderungen (Art. 78 RV), für das Wahlrecht zum Reichstag nach Art. 20 Abs. 2 RV, für den Reichshaushalt (Art. 69 RV) und die Aufnahme von Darlehen und Übernahme von Bürgschaften (Art. 73 RV), für die zur Ausführung der Reichsgesetze erforderlichen allgemeinen Verwaltungsvorschriften und Einrichtungen (Art. 7 Nr. 2 RV), für die Zölle und Verbrauchsteuern (Art. 35 RV), für völkerrechtliche Verträge mit fremden Staaten, die sich auf solche Gegenstände bezogen, die nach Art. 4 in den Bereich der Reichsgesetzgebung gehörten (Art. 11 Abs. 3 RV), für das Eisenbahnwesen im Interesse der Verteidigung Deutschlands (Art. 41 Abs. 1 RV), für die Stärke der Präsenz des Heeres in Friedenszeiten (Art. 60

3.1 Die Träger der Staatsgewalt des Reichs und ihre Gesetzgebungskompetenz nach … 29

Satz 2 RV), für die Militärpflicht (Art. 3 Abs. 5 RV) und den Militäretat (Art. 62 Abs. 3 RV), für die Zuständigkeit und das Verfahren des Ober-Appellationsgerichts in Lübeck (Art. 75 Abs. 2 RV) sowie für die Notstandsgesetzgebung (Art. 68 RV).

Da der Reichsgesetzgeber die Verfassung ändern konnte, stand ihm die sog. *Kompetenz-Kompetenz* zu. Sie erlaubte, die reichseigene Zuständigkeit durch ein verfassungsänderndes Reichsgesetz auf Kosten der Länder zu erweitern, wenn nicht 14 Stimmen im Bundesrat die Änderung blockierten.[4]

Zu diesen in der Reichsverfassung normierten Gesetzgebungskompetenzen für das Reich kamen außerdem auch ungeschriebene Reichszuständigkeiten hinzu. Das waren einerseits Materien, die logischer Weise bzw. aus der Natur der Sache nur ein Reichsgesetz regeln konnte, zum Beispiel die Rechte von Reichsbeamten (Art. 18 Abs. 2 RV). Zum anderen gab es aber auch faktisch ungeschriebene Zuständigkeiten kraft Sachzusammenhangs. Das war immer dann der Fall, wenn eine dem Reich ausdrücklich zugewiesene Thematik nicht hätte sinnvoll geregelt werden können, ohne dass zugleich eine nicht ausdrücklich zugewiesene Materie mitgeregelt wurde. „Diese Anerkennung einzelner, quasi denknotwendiger ungeschriebener Gesetzgebungszuständigkeiten des Zentralstaates ist später von der Staatsrechtslehre sowohl unter der Weimarer Reichsverfassung als auch unter dem Grundgesetz übernommen worden".[5]

Trotz dieser umfassenden Rechte zur Gesetzgebung des Reichs verblieb den Bundesstaaten noch genügend eigene Gesetzgebungskompetenz.

3.1.2 Die Gesetzgebungskompetenz der Bundesstaaten

Soweit die Reichsverfassung dem Reich als souveränen Bundesstaat[6] Rechtsmaterien keine ausschließlicheGesetzgebungskompetenz übertragen hatte, konnten die Mitgliedsstaaten konkurrierende Gesetzgebungskompetenz ausüben. Das bedeutete, dass Gesetze der Gliedstaaten dort wirksam waren, wo keine Reichsgesetze entgegenstanden. Allerdings regelte die Verfassung in Art. 2 Abs. 1 RV, dass Reichsgesetze den Gesetzen der Gliedstaaten vorgingen, wenn die gleiche Rechtsmaterie geregelt wurde. Diese konkurrierende Gesetzgebungskompetenz nahmen die beiden Gesetzgebungsorgane, vor allem der Reichstag, im Laufe der Dauer des Kaiserreichs stark in Anspruch, nicht zuletzt infolge zahlreicher Verfassungsänderungen. So lag der Schwerpunkt der Gesetzgebung zwar anfangs bei den Ländern, verschob sich aber zunehmend auf die Reichsgesetzgebung.[7] Es gab sogar wenige Fälle von auf Art. 2 Satz 1 RV gestützten Eingriffen in die Verfassungsautonomie der Bundesstaaten, weil die Reichsverfassung kein Homogenitätsprinzip entsprechend Art. 28 GG kannte.[8]

---

[4] Zippelius (1994), S. 117; Frotscher und Pieroth (2016), S. 209, Rn. 419.
[5] Frotscher und Pieroth (2016), S. 210, Rn. 421; vgl. dazu Schröder (2007).
[6] Zippelius (1994), S. 117.
[7] Menger (1988), S. 149 f., Rn. 296 f.; Hattenhauer (2021); vgl. auch Rauh (1977), S. 17.
[8] Frotscher und Pieroth (2016), S. 210, Rn. 422.

Die Bundesstaaten behielten ihre Staatseigenschaft und ihre Verfassungen, ihre Thronfolgeregelungen, ihre Territorien, ihre Bevölkerungen, ihre Namen, ihre auf bestimmte Personengruppen beschränkten Wahlrechte und ihr Hofzeremoniell, das für die Gewinnung von Nachwuchs für das Verwaltungspersonal wichtig war. Unabhängig von der Reichsverfassung bewahrten die Einzelstaaten auch ihre bisherige Gesetzgebungskompetenz. Zuständig waren sie vor allem für das Polizei- und Gemeindewesen, das Haushaltsrecht, ihr Vermögen, das Religions-, Schul- und Hochschul- sowie das Krankenhauswesen und für das Talsperren- und Trinkwasserwesen. Gesetzeskompetenz hatten sie für Kultureinrichtungen wie Theater, Opernhäuser, Museen, Galerien und Bibliotheken.[9]

Die Einzelstaaten behielten außerdem ihr ausschließliches Gesetzgebungsrecht über die direkten Steuern und behielten auch ihre Steuerverwaltungen. Es gab dafür keine Zuständigkeiten des Reichs in der Verfassung, weder für die Gesetzgebung, noch für die Verwaltung, noch für die Aufsicht über den Gesetzesvollzug.

Die Bundesstaaten behielten somit ihre volle territoriale Souveränität und hatten eine eigene Gesetzgebungskompetenz, die auch durch Verfassungsänderungen nicht hätte gekippt werden können, da eine Sperrminorität von nur 14 Stimmen (Art. 78 Abs. 1 Satz 2 RV) dies verhindert hätte. Es ging aber durch die föderalistische Struktur der Reichsverfassung dennoch ursprüngliche Gesetzgebungskompetenz der Bundesstaaten nach der Reichsgründung an das Reich verloren.

3.1.3 Der Verlust von Gesetzgebungskompetenz der Bundesstaaten an das Reich

Als Glieder eines Bundesstaats verloren die Einzelstaaten ihre Souveränität an das Reich. Denn sie konnten sich gegenüber anderen Staaten nicht mehr selbst vertreten. Die Zuständigkeit dafür ging auf den Deutschen Kaiser über (Art. 11 Abs. 1 Satz 2 RV). Selbst völkerrechtliche Verträge über Gegenstände, die nicht der Reichsgesetzgebung unterlagen, konnte nur noch der Kaiser abschließen. Diese bedurften aber der vorherigen Zustimmung des Bundesrats und der nachträglichen Genehmigung des Reichstags (Art. 11 Abs. 3 RV). Einen Eingriff in die innere Ordnung der Einzelstaaten bedeutete es, dass die Reichsverfassung ihnen vorschrieb, Angehörige der anderen Bundesstaaten wie ihre eigenen zu behandeln (Art. 3 RV).

Außerdem verloren die Einzelstaaten die Befehls- und Kommandogewalt über ihre Kriegsmarinen und Heere, diese gingen auf den Kaiser über (Art. 53 Abs. 1 Satz 1, 63 Abs. 1 RV). Soweit Gesetze und Verordnungen erforderlich waren, mussten die Gliedstaaten die preußische Militärgesetzgebung übernehmen (Art. 61 RV). Soweit Gesetze nicht erforderlich waren, bestimmte der Kaiser die Gliederung der Kontingente, die Garnisonen, den Präsenzstand der Truppen und deren Organisation, die Bewaffnung und Ausbildung sowie die Organisation der Landwehr (Art. 63 Abs. 4 RV). Nicht nur die

---

[9] Laband (1876), S. 109 ff.

vergangenen und gegenwärtigen, sondern auch die zukünftigen Anordnungen für die preußische Armee durch den Kaiser, der zugleich König von Preußen war, mussten die Gliedstaaten für ihre Heere einführen (Art. 63 Abs. 5 RV).

Die Zuständigkeit für die Gesetzgebung und die Vollzugsaufsicht über die Verbrauchsteuern und die Zölle lag ausschließlich beim Reich (Art. 35 RV). Allerdings verblieb die Verwaltungszuständigkeit, die Behördenorganisation und das Verwaltungspersonal bei den Einzelstaaten (Art. 36 Abs. 1 RV). Die Vollzugsaufsicht übte jedoch das Reich durch Reichsbeamte bei den Ortsbehörden, den Zoll- und Steuerämtern und den Direktivbehörden, z. B. den Oberfinanzdirektionen aus (Art. 36 Abs. 2 RV).

Das Reich hatte das Recht der konkurrierenden Gesetzgebung über das Post- und Telegrafenwesen (Art. 4 Nr. 10 RV). Die Rechtsverordnungen hierzu erließ ausschließlich der Kaiser bei Gegenzeichnung des Reichskanzlers (Art. 50 Abs. 2 RV). Die oberen Beamten der Innenverwaltung nahm der Kaiser als Reichsbeamte unter Vertrag, ebenso die Aufsichtsbeamten in den Bezirken (Art. 50 Abs. 4 RV). Die Einzelstaaten stellten nur noch die Betriebsstellenbeamten und die unteren Verwaltungsbeamten der Post- und Telegrafenämter an (Art. 50 Abs. 5 RV). Bezüglich der Eisenbahnen behielten die Bundesstaaten ihr Verwaltungs- und Betriebspersonal, da das Reich kein eigenes Eisenbahnpersonal vorhielt. Auch blieben die Eisenbahnen Länderbahnen, daneben konnten aber auch Reichsbahnen im Interesse der Verteidigung Deutschlands oder des gemeinsamen Verkehrs angelegt werden (Art. 41 Abs. 1 RV). Nur dem Reich stand dafür das Gesetzgebungsrecht und die Vollzugsaufsicht zu (Art. 43 RV).

3.2 Die Träger der Staatsgewalt der Weimarer Republik und die ausschließliche, konkurrierende und sonstige Gesetzgebungskompetenz nach der Weimarer Reichsverfassung

Nach Art. 1 Satz 2 WRV ging die Staatsgewalt vom Volke aus. Damit war die Volkssouveränität hergestellt und das monarchische Prinzip endgültig abgeschafft.[10] Da die Verfassung viele Elemente direkter Demokratie enthielt, wie etwa die Wahl des Reichspräsidenten (Art. 41 Abs. 1 WRV) oder die Bestimmungen über Volksbegehren und Volksentscheid (Art. 73–76 WRV), konnte das Volk selbst sich ebenfalls an der Gesetzgebung des Reichs beteiligen. In den meisten Fällen aber übte das Volk seine Staatsgewalt durch besondere Organe der Gesetzgebung, der Verwaltung und der Rechtsprechung aus.

Das Reichsgebiet bestand nach Art. 2 Satz 1 WRV aus den Gebieten der deutschen Länder. Da Art. 5 WRV bestimmte, dass die Staatsgewalt in Reichsangelegenheiten durch die Organe des Reichs auf Grund der Reichsverfassung, in Landesangelegenheiten durch die Organe der Länder auf Grund der Länderverfassungen ausgeübt wird, war Träger der Staatsgewalt des Reichs der Reichstag. Die Mitglied-

---

[10] Frotscher und Pieroth (2016), S. 259 f., Rn. 519.

staaten waren über ihre Vertreter im Reichsrat (Art. 60 WRV) daher lediglich Mitträger der Reichssouveränität und an der Ausübung der Staatsgewalt auf Reichsebene beteiligt. Das Reich war den nicht souveränen Ländern übergeordnet.[11]

Die ausdrücklichen Kompetenzzuweisungen an die Gesetzgebungshoheit des Reichs waren hauptsächlich in den Art. 6–11 festgeschrieben und inhaltlich genau bestimmt. Dabei unterschied die WRV – wie international üblich[12] – in Art. 6 u. 7 ausschließliche und konkurrierende Gesetzkompetenzen.

3.2.1 Ausschließliche Gesetzgebungskompetenz

Gegenstände der ausschließlichen Gesetzgebungskompetenz zu regeln stand nach Art. 12 Abs. 1 Satz 2 allein dem Reich zu. Die Länder hatten kein Recht diese Bereiche zu regeln, solange und soweit das Reich von seiner Gesetzgebungskompetenz keinen Gebrauch gemacht hätte. Anders war es bei der konkurrierenden Gesetzgebungskompetenz. Hier konnten die Länder nach Art. 12 Abs. 1 Satz 1 gesetzliche Regelungen aufstellen, solange und soweit das Reich keine entsprechenden Gesetze verabschiedete.[13] Zu den Gegenständen der ausschließlichen Gesetzgebungskompetenz gehörten die Beziehungen zum Ausland; das Kolonialwesen; die Staatsangehörigkeit (Art. 110), die Freizügigkeit (Art. 111), die Ein- und Auswanderung (Art. 112) und die Auslieferung (Art. 112 Abs. 3); die Wehrverfassung (Art. 79, 106); das Münzwesen; das Zollwesen sowie die Einheit des Zoll- und Handelsgebiets (Art. 82–87) und die Freizügigkeit des Warenverkehrs (Art. 82 Abs. 6, 151) sowie das Post- und Telegrafenwesen einschließlich des Fernsprechwesens (Art. 88, 117). Ferner ergaben sich aus anderen Vorschriften der WRV weitere ausschließliche Gesetzgebungskompetenzen des Reiches, z. B. konnten nach Art. 2 Satz 2 andere Gebiete in das Reich oder die Neugliederung und -bildung der Länder nach Art. 18 Satz 2 (nur) durch Reichsgesetz aufgenommen werden. Weitere Reichskompetenzen zur ausschließlichen Gesetzgebung beinhalteten Art. 41 Abs. 2 Satz 2, 45 Abs. 2, 48 Abs. 5, 49 Satz 2, 51 Abs. 1 Satz 2, 59 Satz 3, 73 Abs. 5, 78 Abs. 3 Satz 2, 86 Satz 2, 87 Satz 2, 108, 123 Abs. 2, 128 Abs. 3, 129 Abs. 4 Satz 2, 130 Abs. 3, 146 Abs. 2 Satz 3, 151 Abs. 2, 153, 163 Abs. 2 Satz 3. Darüber hinaus mussten aber als in der Verfassung ungeschriebene Gegenstände der ausschließlichen Gesetzgebungskompetenz zugeschrieben werden, die sich aus der Natur der Sache ergeben.[14] Dazu gehörten etwa das Verfassungsrecht des Reichs, seine Behördenorganisation inklusive seiner Anstalten und der Rechtsverhältnisse seiner Beamten, sein Vermögen und alle Hoheitszeichen des Reichs.[15]

---

[11] Stolleis (2002), S. 119.
[12] Wiederin (2018), S. 60.
[13] Anschütz (1960), S. 96 f.
[14] Poetzsch-Heffter (1929), S. 13.
[15] Anschütz (1960), S. 73.

3.2.2 Konkurrierende Gesetzgebungskompetenz

Die konkurrierendeGesetzgebungskompetenz des Reichs umfasste nach Art. 7 u. a. das bürgerliche und das Strafrecht; das gerichtliche Verfahren, die Amtshilfe und den Strafvollzug; das Passwesen; das Presse-, Vereins- und Versammlungsrecht und das Recht zur Enteignung, das Armenwesen und die Fürsorge für Wanderer, Mutterschaft, Säuglinge, Kinder und Jugendliche sowie für Kriegsteilnehmer und Hinterbliebene; die Bevölkerungspolitik; das Gesundheits- und das Veterinärwesen sowie den Pflanzenschutz; das Arbeits- und Versicherungsrecht sowie alle wirtschaftlichen Infrastruktureinrichtungen für den Handel (Maßeinheiten, Geld, Banken, Börse), Gewerbe und Bergbau sowie den Verkehr (Schifffahrt, Eisenbahn, Kraftfahrzeuge, Luftverkehr); die Vergesellschaftung von Naturschätzen und wirtschaftlichen Unternehmungen etc. sowie außerdem das Theater- und Lichtspielwesen (Kino). Art. 8 ergänzte die konkurrierende Gesetzgebungskompetenz des Reichs auf alle Arten von Abgaben und sonstigen Einnahmen zur Verwendung für Reichszwecke.[16] Dieser Katalog der Gesetzgebungsmaterie bedeutete gegenüber Art. 4 BRV eine teilweise Verschiebung der Kompetenzen von den Ländern hin zum Reich.[17]

3.2.3 Gesetzgebungskompetenz zur „Bedarfsgesetzgebung"

Schließlich kannte die WRV auch noch Kompetenzen zur „Bedarfsgesetzgebung", die in Art. 9 verankert war, und zur „Grundsatzgesetzgebung", die Art. 10 u. 11 regelten. Bei der *Bedarfsgesetzgebung* hatte das Reich die Gesetzgebungskompetenz in den Gegenständen der Wohlfahrtspflege und des Schutzes der öffentlichen Ordnung und Sicherheit, soweit ein Bedürfnis für den Erlass einheitlicher Vorschriften vorhanden war. Ein solches Bedürfnis wurde schon dann gesehen, wenn nebeneinander bestehende Ländergesetze, welche dieselbe Materie regelten, nicht übereinstimmten und dadurch das Reichsinteresse oder sonstige erhebliche Allgemeininteressen schädigte.[18] Die *Grundsatzgesetzgebung* bedeutete einerseits, dass sie für die Länder den Rahmen vorgab, an den diese sich zu halten hatten, und andererseits, dass sich die Reichsgesetzgebung auf Grundsätze im Sinne allgemeiner, leitender Rechtssätze und Richtlinien beschränken musste.[19] Die Grundsatzgesetzgebung bestand nach Art. 10 für die Rechte und Pflichten der Religionsgesellschaften, die bis dahin Landessache waren und in Art. 136–141 näher ausgestaltet wurden. Diese Artikel der WRV wurden (ohne Art. 140) in das Grundgesetz inkorporiert.[20] Ferner bestand die Grundsatzgesetzgebung nach Art. 10 für das Schul- und Hochschulwe-

---

[16] Anschütz (1960), S. 83.
[17] Anschütz (1960), S. 79.
[18] Vgl. Lassar (1930), S. 308; Anschütz (1960), S. 85; Triepel (1981), S. 94 ff., 100.
[19] Poetzsch-Heffter (1925), S. 101; vgl. Anschütz (1960), S. 88.
[20] Unruh (2018), Art. 140, Rn. 1.

sen sowie für das wissenschaftliche Büchereiwesen; das Recht der Beamten aller öffentlichen Körperschaften; das Bodenrecht, die Bodenverteilung, das Ansiedlungs- und Heimstättenwesen, die Bindung des Grundbesitzes, das Wohnungswesen und die Bevölkerungsverteilung; das Bestattungswesen. Nach Art. 11 konnte das Reich Grundsätze über die Zulässigkeit und Erhebungsart von Landesabgaben aufstellen, um Schädigungen der Einnahmen oder der Handelsbeziehungen des Reichs; Doppelbesteuerungen; übermäßige oder verkehrshindernde Belastung der Benutzung öffentlicher Verkehrswege und Einrichtungen mit Gebühren; steuerliche Benachteiligungen eingeführter Waren gegenüber den eigenen Erzeugnissen im Verkehr zwischen den einzelnen Ländern und Landesteilen oder Ausfuhrprämien auszuschließen oder wichtige Gesellschaftsinteressen zu wahren.

Das Reich hatte also die Gesetzgebungskompetenz für die wesentlichen rechtlichen und gesellschaftlichen Bereiche, sodass sich die Frage nach dem Gesetzgebungsverfahren stellt.

3.3 Die Träger der Staatsgewalt der Bundesrepublik Deutschland und die ausschließliche, konkurrierende und sonstige Kompetenz zur Gesetzgebung nach dem Bonner Grundgesetz

Da nach Art. 20 Abs. 1 GG die BundesrepublikDeutschland ein *demokratischer* und sozialer Bundesstaat ist, geht die Staatsgewalt vom Volke aus. Zum Prinzip dieser Volkssouveränität gehört, dass die Trägerschaft der Staatsgewalt unmittelbar beim Volk liegen muss. Die Staatsgewalt ausüben kann das Volk unmittelbar durch Wahlen und Abstimmungen (Art. 20 Abs. 2 Satz 2, 1. Halbs. GG) oder mittelbar, indem es die Staatsgewalt dazu berufenen Organen überträgt (Art. 20 Abs. 2 Satz 2, 2. Halbs. GG). Hoheitliche Entscheidungen können also nur von solchen Organen wahrgenommen werden, die vom Volk mittelbar oder unmittelbar dazu legitimiert sind.

Art. 70 Abs. 1 GG bestimmt, dass die Länder das Recht zur Gesetzgebung haben, soweit das Grundgesetz nicht dem Bunde Gesetzgebungsbefugnisse verleiht. Und aus Art. 31 GG ergibt sich, dass der Bund den Ländern übergeordnet ist, da Bundesrecht das Landesrecht bricht. Zudem ist dem Bund nach Art. 23 Abs. 1 Satz 2 GG erlaubt, durch Gesetz mit Zustimmung des Bundesrats Hoheitsrechte auf die Europäische Union (EU) zu übertragen.

Auf Ebene der EU ist dominierendes Organ für die normativen Rechtsakte in Form von Verordnungen und Richtlinien der Rat. Das Europaparlament hat lediglich Mitentscheidungsrechte (Art. 294 AEUV). Über die Gegenstände der normativen Rechtsakte wurde aber in allen Mitgliedstaaten der EU zuvor abgestimmt, in Deutschland durch Bundestag und Bundesrat. Deutschland ist ein unitarischer Bundesstaat, bei dem der Bund – und nicht etwa die Bundesländer – über seine ausschließliche (Art. 73 GG) und die konkurrierendeGesetzgebungskompetenz (Art. 74 GG) die meisten Gesetze verabschiedet.

3.3.1 Die Staatlichkeit von Bund und Ländern

Die Staatlichkeit des Bundesstaatsprinzips in Deutschland ist *kooperativ* und nicht *dual* ausgestaltet. Das bedeutet, dass die Gesamtheit aller staatlichen Aufgaben in der Bundesrepublik Deutschland nach dem Grundgesetz grundsätzlich in zwei Aufgabenbereiche eingeteilt wird. Daraus ergibt sich, dass sowohl der Bund als auch jedes Bundesland originäre Herrschaftsgewalt (= Hoheitsgewalt) ausüben. Bund und Länder sind also jeweils Staaten. Bei der Aufgabenverteilung gilt das *Subsidiaritätsprinzip*, das bedeutet, dass die Ausübung der staatlichen Befugnisse und die Erfüllung der staatlichen Aufgaben Sache der Länder ist, soweit nicht das Grundgesetz eine andere Regelung trifft oder zulässt (Art. 30 GG). Dieses Subsidiaritätsprinzip durchzieht das GG (z. B. Art. 70 ff., 83 ff., 92 ff. GG); allerdings hat sich im Laufe der Geschichte eine Kompetenzverschiebung zugunsten des Bundes ergeben. Den Ländern ist jedoch ein Aufgabenkernbereich garantiert,[21] sodass einer Verschiebung der Aufgabenkompetenzen Grenzen gesetzt sind, auch wenn es um die Übertragung von Hoheitsrechten auf die Europäische Union (EU) oder andere zwischenstaatliche Einrichtungen geht. Das System der Aufgabenverteilung bringt es regelmäßig mit sich, dass es zu föderativen Konflikten kommt, sodass die Idee und rechtliche Form des Bundesstaates erst durch das Bundesverfassungsgericht verwirklicht wird, das als Instanz zur Schlichtung solcher Konflikte eingerichtet ist. Es ist nicht nur nach Art. 93 Abs. 1 Nr. 3 GG für Bund-Länder-Streitigkeiten zuständig, sondern entscheidet auch über föderativ veranlasste abstrakte und konkrete Normenkontrollverfahren nach Art. 93 Abs. 1 Nr. 2 u. 2a, 100 Abs. 1 GG, in denen über die Verteilung der Gesetzgebungskompetenzen zwischen Bund und Ländern sowie über die materielle Verfassungsmäßigkeit von Bundes- und Landesrecht geurteilt wird.[22]

3.3.2 Die Verfassungshomogenität von Bund und Ländern

Aus Gründen der Widerspruchsfreiheit verlangt Art. 28 Abs. 1 GG, dass die Verfassungen der Länder den Grundsätzen der wesentlichen Verfassungsprinzipien des Bundes entsprechen müssen. Daraus ergibt sich, dass die Grundrechte für sie die gleiche Durchgriffswirkung haben und die Länder das Demokratieprinzip, das Rechtsstaatsprinzip und das Sozialstaatsprinzip installiert haben müssen. Ferner müssen sie Republik sein. Die Länder müssen allerdings keine Bundesstaaten sein und sind es auch nicht. Sie sind aber verpflichtet, die wesentlichen Verfassungsprinzipen des Bundes zu übernehmen, aber nicht zwingend so wie der Bund sie verwirklicht hat. Die Länder können z. B. statt des parlamentarischen ein präsidiales Regierungssystem einrichten. Zweck der Verfassungshomogenität ist es, Konflikte

---

[21] BVerfGE 34, 9 [19 f.].
[22] Korioth (2015), S. 693 f.

zwischen Bund und Ländern und unter den Ländern zu verhindern. Gibt es unaufgelöste Widersprüche müssen Kompetenzen möglichst zurückhaltend wahrgenommen werden, da wegen der Gefahr von Kompetenzübergriffen Verfassungswidrigkeit droht.[23]

Grundsätzlich muss die Rechtsregelung in der bundesstaatlichen Ordnung widerspruchsfrei sein. Aus diesem Grunde bestimmt Art. 31 GG, dass das Bundesrecht das Landesrecht bricht. Das Bundesrecht hat vor dem Länderrecht Vorrang, wenn dieselbe Materie sowohl vom Bundesgesetzgeber als auch vom Landesgesetzgeber rechtlich in unterschiedlicher Weise geregelt worden ist. Landesrecht, welches dem Bundesrecht entgegensteht, ist nichtig. Dafür muss aber die bundesrechtliche Regelung verfassungsrechtlich einwandfrei sein (insb., wenn der Bund zum Erlass der Rechtsnorm zuständig war). Unter diesen Voraussetzungen hat jedes Bundesrecht Vorrang vor jedem Landesrecht, sodass das Rechtsverordnungsrecht des Bundes sogar Vorrang hat vor Landesverfassungsrecht.[24] Eine Ausnahme bildet jedoch seit der *Föderalismusreform 2006* Art. 72 Abs. 3 GG, in dem für bestimmte Materien aus dem – im weiten Sinne – Umweltbereich und dem Hochschulwesen ein *„lex-posterior"-Grundsatz* verankert ist und aus der konkurrierenden Gesetzgebung eine Vorranggesetzgebung des Bundes wird. Ein späteres Landesgesetz mit vom Bundesrecht abweichenden Regelungen geht dann nach Art. 72 Abs. 3 Nr. 3 GG vor. Allerdings kann dieses wiederum durch ein neues Bundesgesetz abgelöst werden.[25]

3.3.3 Die Zuständigkeitsverteilung zwischen Bund und Ländern

Die Zuständigkeitsverteilung zwischen Bund und Ländern ist eines der schwierigsten Probleme der bundesstaatlichen Praxis. Grundsätzlich haben die Länder die staatlichen Aufgaben nach dem Grundgesetz wahrzunehmen. Der Bund ist nur dann zuständig, wenn das Grundgesetz eine solche Regelung trifft oder zulässt (Art. 30 GG). Es handelt sich um eine Zuständigkeitsvermutung zu Gunsten der Länder. Die Zuständigkeiten des Bundes sind im Grundgesetz enumerativ aufgezählt. Lücken in der Zuständigkeitsverteilung sind so ausgeschlossen. Im Einzelnen betrifft die Zuständigkeitsverteilung auf dem Gebiet der Legislative die *Gesetzgebungskompetenz* nach Art. 70 ff. GG, auf dem Gebiet der Exekutive die *Verwaltungskompetenz* nach Art. 83 ff. GG und auf dem Gebiet der Judikative die *Rechtsprechungskompetenz* nach Art. 92 ff. GG.

Bezüglich der Gesetzgebung ist der Bund zuständig, wenn es sich um die Materien der *ausschließlichen Gesetzgebung* handelt (Art. 71 GG), z. B. auswärtige Angelegenheiten sowie die Verteidigung (Art. 73 Abs. 1 Nr. 1 GG), Grenzschutz

---

[23] BVerfGE 108, 169 [184]; Sachs (2021b), Art. 20, Rn. 62 m. w. N.
[24] BVerfGE 108, 169 [184].
[25] Degenhart (2021), Art. 72, Rn. 3.

(Art. 73 Abs. 1 Nr. 5 GG), Luftverkehr (Art. 73 Abs. 1 Nr. 6 GG), die Abwehr von Gefahren des internationalen Terrorismus durch das Bundeskriminalpolizeiamt (Art. 73 Abs. 1 Nr. 9a GG), die Zusammenarbeit des Bundes und der Länder u. a. in der Kriminalpolizei und im Verfassungsschutz (Art. 73 Abs. 1 Nr. 10 GG). In diesen Bereichen sind die Länder nur zuständig, wenn der Bund sie hierzu in einem Bundesgesetz ausdrücklich ermächtigt hat. Der Bund ist ebenfalls zuständig, wenn es sich um Materien der *konkurrierenden Gesetzgebung* handelt (Art. 72 GG), z. B. bürgerliches Recht, Strafrecht und Strafprozessrecht (Art. 74 Abs. 1 Nr. 1 GG), das Aufenthalts- und Niederlassungsrecht der Ausländer (Art. 74 Abs. 1 Nr. 4 GG) und die Angelegenheiten der Flüchtlinge und Vertriebenen (Art. 74 Abs. 1 Nr. 6 GG). Für Art. 74 Abs. 1 Nr. 4 GG und weitere Materien, die in den Nrn. 7, 11, 13, 19a, 20, 22, 25 und 26 aufgezählt sind, ist Voraussetzung, dass die Herstellung gleichwertiger Lebensverhältnisse im Bundesgebiet oder die Wahrung der Rechts- oder Wirtschaftseinheit im gesamtstaatlichen Interesse eine bundesgesetzliche Regelung erfordert (Art. 72 Abs. 2 GG, *Erforderlichkeitsklausel*), wobei die Erforderlichkeit verfassungsgerichtlicher Überprüfung unterliegt. Für die anderen Materien des Art. 74 2 GG, denen stets diese Erforderlichkeit unterstellt wird,[26] gilt die Vorranggesetzgebung des Bundes. Die Länder sind bei der konkurrierenden Gesetzgebung zuständig, wenn eine bundeseinheitliche Regelung nicht erforderlich ist oder wenn der Bund bei bestehender Erforderlichkeit von seinem Gesetzgebungsrecht keinen Gebrauch macht. Wenn der Bund von seinem konkurrierenden Gesetzgebungsrecht Gebrauch macht, hat das zur Folge, dass die von den Ländern zur Regelung dieser Gebiete erlassenen Gesetze nichtig werden und dass die Länder die vom Bund geregelten Gebiete künftig nicht mehr gesetzlich regeln dürfen. Diese ausnahmsweisen Zuständigkeiten des Bundes können sich außerdem aus anderen Normen als den Art. 73–74 GG ergeben. Ausschließliche Gesetzgebungskompetenz ergibt sich z. B. aus Art. 21 Abs. 3 GG (Parteiwesen) und Art. 4 Abs. 1 Satz 2 GG (Kriegsdienstverweigerung), konkurrierende Gesetzgebungskompetenz z. B. aus Art. 105 Absatz 2 GG (Zuständigkeit in der Steuergesetzgebung).

Außer den geschriebenen gibt es noch ungeschriebene Zuständigkeiten des Bundes auf dem Gebiet der Gesetzgebung: *Kompetenz kraft Natur der Sache* besteht bei Materien, die begriffsnotwendig nur vom Bund sachgerecht geregelt werden können, z. B. die Verleihung von Bundesorden, Bestimmung der Bundeshauptstadt. *Kompetenz kraft Sachzusammenhangs* existiert bei Materien, ohne deren Regelung eine dem Bund ausdrücklich zugewiesene Materie nicht geregelt werden kann. Schließlich gibt es die Annexkompetenz bei Materien, die in einem engen funktionalen Verhältnis, also einem notwendigen Zusammenhang, zu einer Materie stehen, für die der Bund zuständig ist, z. B. die Hochschulen der Bundeswehr als deren Ausbildungsinstitution (Art. 73 Abs. 1 Nr. 1 GG).

Für die Gesetzgebung in der BundesrepublikDeutschland gibt es eine Fülle von Anlässen.

---

[26] Vgl. BT-Drs. 16/813, S. 9.

3.3.4 Anlässe zur Gesetzgebung in der Bundesrepublik Deutschland

Soziale, ökonomische und sicherheitspolitische Entwicklungen führen dazu, dass Gesetze häufig durch besondere Ereignisse (z. B. Terroranschläge oder Pandemien)[27] entstehen und nicht durch Wahlkampf oder Regierungserklärungen frühzeitig verkündet werden. Letztere stehen in mittelfristigen Programmen und Koalitionsvereinbarungen, sodass sie sorgfältig geplant werden können.[28] Als Anlässe für Gesetzgebungsverfahren lassen sich mit Joachim Jens Hesse und Thomas Ellwein[29] drei Hauptkategorien unterscheiden. Danach werden Gesetze erlassen:

- zur Umsetzung politischer Programme oder zur Änderung oder Ergänzung bestehender Ordnungen,
- zur Änderung oder Anpassung vor allem aus Gründen der Gesetzessystematik und
- aus Selbstverpflichtungsgründen oder zur Erfüllung der Verpflichtung durch andere Einrichtungen (z. B. EU).

Diese Einteilung lässt erkennen, dass die meisten Gesetze einvernehmlich verabschiedet werden und vor allem zur Pflege und Fortschreibung des Gesetzesbestandes dienen. Denn es gibt weniger als 2000 Bundesgesetze.[30] Seit Gründung der Bundesrepublik-Deutschland hat der Deutsche Bundestag aber insgesamt mit einer durchschnittlichen Jahresleistung von etwa 120 Gesetzen (anlassbezogen schwankt die Zahl allerdings) rund 8000 Gesetze verabschiedet.[31] Ursache dieser scheinbaren „Flut" von verabschiedeten Gesetzen ist die notwendige Beteiligung des Parlaments als Vertretungsorgan des Volkes bei jeder Gesetzesänderung. Das ergibt sich aus der vom Bundesverfassungsgericht (BVerfG) entwickelten *Wesentlichkeitstheorie*,[32] nach der alle wesentlichen Entscheidungen vom parlamentarischen Gesetzgeber zu treffen sind.[33]

---

[27] Ende 2019 breitete sich von der chinesischen Großstadt Wuhan ausgehend das Corona-Virus (COVID-19, SARS-CoV-2-Virus) in der ganzen Welt aus. Es führte weltweit zu mehr als fünf Mio. Toten, vor allem ältere und vorerkrankte Menschen. Im Zuge der Pandemiebekämpfung griffen die Regierungen der Staaten in die Rechte ihrer Bürgerinnen und Bürger ein. Auch in Deutschland gab es Eingriffe in Grundrechte, indem Grenzen für nicht im jeweiligen Gebiet ständig wohnende Personen abgeriegelt, Geschäfte, Restaurants etc. und sogar Schulen und Kindertagesstätten geschlossen und „Homeoffice" festgelegt wurden. Die Regierungen der einzelnen Bundesländer griffen dabei in unterschiedliche Weise und in Abhängigkeit von der Stärke der Verbreitung der Ansteckung vor allem in die Freiheit der Person nach Art. 2 Abs. 2 Satz 2 GG, in die Freizügigkeit nach Art. 11 Abs. 1 GG und in das Recht auf Bildung nach Art. 2 Abs. 1 i. V. m. Art. 7 Abs. 1 GG ein.

[28] Hesse und Ellwein (2012), S. 364.

[29] Hesse und Ellwein (2012), ebd.

[30] Karpen (2016), S. 579; Zahl nach Hugendick und Stock (2014).

[31] Vgl. Hesse und Ellwein (2012), S. 363.

[32] BVerfGE 116, 24 [58]; 137, 350, Rn. 33.

[33] Hesse und Ellwein (2012), S. 364; van Ooyen (2015), S. 117; Jarass und Pieroth (2020), Art. 20, Rn. 71; BVerfGE 138, 201, Rn. 26.

3.3.5 Das Gesetz als parlamentarische Entscheidung der Rechtsordnung

Die Gesetze haben als parlamentarische Entscheidungen der Rechtsordnung gegenüber anderen Rechtsquellen Vorrang und Vorbehalt. Diese ergeben sich aus der im Art. 20 Abs. 3, 2. Hs. GG festgelegten *Bindungsklausel*,[34] die besagt, dass die vollziehende Gewalt strikt an Gesetz und Recht gebunden ist. Insoweit wird verlangt, dass die öffentliche Verwaltung *keinesfalls* gegen die geltende Rechtsordnung verstoßen darf, sondern vielmehr zu ihrer Legitimation einer parlamentsgesetzlichen Ermächtigungsgrundlage bedarf.[35]

Aus dem Gesetzesvorrang ergibt sich, dass die vom demokratisch legitimierten Parlament erlassenen Gesetze allen anderen untergesetzlichen Rechtsnormen im Range vorgehen. Rechtsverordnungen und Satzungen dürfen also nicht gegen Parlamentsgesetze und erst recht nicht gegen das Grundgesetz verstoßen; andernfalls sind sie wegen Verletzung höherrangigen Rechts rechtswidrig und damit – soweit der Verstoß reicht – ungültig. Die vom Parlament erlassenen Gesetze müssen sich ihrerseits formell und materiell in dem durch das Grundgesetz vorgegebenen Rahmen halten, damit sie Rechtswirksamkeit entfalten. Verfassungswidrige Gesetze sind mit ihrer Verabschiedung nichtig. Dies stellt das BVerfG fest. Bis dahin gelten sie aus Sicht der vollziehenden Gewalt in aller Regel als verfassungsgemäß. Außerdem hat das BVerfG die Möglichkeit, verfassungswidrige und damit an sich ungültige Gesetze befristet für vorläufig wirksam zu erklären, um zu verhindern, dass ein (ungeregelter) Zustand eintritt, welcher der verfassungsmäßigen Ordnung noch ferner stünde als die durch die verfassungswidrige Regelung geschaffene (einstweilige) Rechtslage.[36]

Eine beliebige Änderung des Grundgesetzes ist nicht möglich. Denn eine inhaltliche Beschränkung weist Art. 79 Abs. 3 GG auf, der das Bundesstaatsprinzip und die grundsätzliche Mitwirkung der Länder an der Bundesgesetzgebung festlegt, sowie vorgibt, dass Deutschland ein auf Menschenwürde und Menschenrechte basierender und mit Grundrechten ausgestatteter demokratischer, sozialer Rechtsstaat bleibt. Außerdem muss jedes verfassungsändernde Gesetz nach Art. 79 Abs. 1 Satz 1 GG ausdrücklich angeben, welcher Grundgesetzartikel geändert oder ergänzt wird. Eine verdeckte Verfassungsänderung ist somit grundsätzlich nicht möglich.[37] Eine Ausnahme bilden nach Art. 79 Abs. 1 Satz 2 GG lediglich bestimmte völkerrechtliche Verträge.[38] Da also das förmliche Parlamentsgesetz qualitativ und quantitativ den Kern der Gesetzgebung ausmacht, stellt sich die Frage nach dem Gesetzgebungsverfahren.

---

[34] BVerfGE 40, 237 [248]; BVerwGE 109, 29 [37]; Sachs (2021b), Art. 20, Rn. 110 ff. m. w. N.
[35] Sachs (2021b), Art. 20, Rn. 112; Möllers (2018b), S. 2539 f.
[36] Möllers (2018c), S. 2548 f.
[37] Augsberg (2014), § 28, S. 729 ff.; Rozek (2014), § 257, S. 107 ff.
[38] BVerfGE 41, 126 [174]; Jarass und Pieroth (2020), Art. 79, Rn. 5 f.

Literatur

Anschütz G (1960) Die Verfassung des Deutschen Reichs vom 11. August 1919. Kommentar, unveränderter fotomechanischer Nachdruck der 14. Aufl., Berlin 1933. Gehlen, Bad Homburg vor der Höhe

Anschütz G, Thoma R (Hrsg) (1930) Handbuch des Deutschen Staatsrechts, Erster Band, Das öffentliche Recht der Gegenwart, Bd 28. Mohr Siebeck, Tübingen

Augsberg S (2014) Das verfassungsändernde Gesetz. In: Kluth W, Krings G (Hrsg) Gesetzgebung, Rechtsetzung durch Parlamente und Verwaltungen sowie ihre gerichtliche Kontrolle. C. F. Müller, Heidelberg, § 28, S 729–752

Berliner Juristische Fakultät (Hrsg) (1981) Festgabe der Berliner Juristischen Fakultät für Wilhelm Kahl zum Doktorjubiläum am 19. April 1923, Tübingen 1923. Neudruck Scientia, Aalen

Degenhart C (2021) Art. 72 GG. In: Sachs M (Hrsg) Grundgesetz Kommentar, 9. Aufl. C. H. Beck, München

Frotscher W, Pieroth B (2016) Verfassungsgeschichte, 15. Aufl. C. H. Beck, München

Hattenhauer C (2021) Die Verfassung des Deutschen Reichs vom 16. April 1871. https://www.rechtskarten.de/karten/deutsche-verfassung-1871. Zugegriffen am 03.12.2021

Hesse JJ, Ellwein T (2012) Das Regierungssystem der Bundesrepublik Deutschland, 10. Aufl. Nomos, Baden-Baden

Huber PM, Voßkuhle A (Hrsg) (2018) MKS: Grundgesetz, Kommentar in 3 Bänden, 7. Aufl. C. H. Beck, München

Hugendick D, Stock U (2014) Alles gut geregelt. Zeit-online 8 May 2014. https://www.zeit.de/2014/20/regeln-buerokratie-erleichterung. Zugegriffen am 03.12.2021

Isensee J, Kirchhof P (Hrsg) (2007) Handbuch des Staatsrechts, Band V, Rechtsquellen, Organisation, Finanzen, 3. Aufl. C. F. Müller, Heidelberg

Jarass HD, Pieroth B (2020) Grundgesetz für die Bundesrepublik Deutschland, Kommentar, 16. Aufl. C. H. Beck, München

Karpen U (2016) Rechtsetzungslehre. JuS 56(6):577–584

Kluth W, Krings G (Hrsg) (2014) Gesetzgebung. Rechtsetzung durch Parlamente und Verwaltungen sowie ihre gerichtliche Kontrolle. C. F. Müller, Heidelberg

Korioth S (2015) Die Rechtsprechung des Bundesverfassungsgerichts zum Bundesstaat. In: van Ooyen RC, Möllers MHW (Hrsg) Handbuch Bundesverfassungsgericht im politischen System, 2. Aufl. Springer VS, Wiesbaden, S 693–712

Laband P (1876) Das Staatsrecht des Deutschen Reichs, Bd 1. Verlag Lauppsche Buchhandlung, Tübingen

Lassar G (1930) § 27. Die verfassungsrechtliche Ordnung der Zuständigkeiten. In: Anschütz G, Thoma R (Hrsg) Handbuch des Deutschen Staatsrechts, Bd 28. Mohr Siebeck, Tübingen, S 301–314

Menger C-F (1988) Deutsche Verfassungsgeschichte der Neuzeit, 6. Aufl. C. F. Müller, Heidelberg

Möllers MHW (Hrsg) (2018a) Wörterbuch der Polizei, 3. Aufl. C. H. Beck, München

Möllers MHW (2018b) Vorbehalt des Gesetzes. In: Möllers MHW (Hrsg) Wörterbuch der Polizei, 3. Aufl. C. H. Beck, München, S 2539–2540

Möllers MHW (2018c) Vorrang des Gesetzes. In: Möllers MHW (Hrsg) Wörterbuch der Polizei, 3. Aufl. C. H. Beck, München, S 2548–2549

van Ooyen RC (2015) „Volksdemokratie" und nationalliberaler Etatismus. Das Bundesverfassungsgericht aus Sicht der politischen Theorie am Beispiel von Richter-Vorverständnissen (Böckenförde und Kirchhof). In: van Ooyen RC, Möllers MHW (Hrsg) Handbuch Bundesverfassungsgericht im politischen System, 2. Aufl. Springer VS, Wiesbaden, S 95–118

van Ooyen RC, Möllers MHW (Hrsg) (2015) Handbuch Bundesverfassungsgericht im politischen System, 2. Aufl. Springer VS, Wiesbaden

Poetzsch-Heffter F (1925) Vom Staatsleben unter der Weimarer Verfassung, Teil I (1 Jan 1920 – 31 Dec 1924). Mohr Siebeck, JöR a.F., Bd 13:1–248

Literatur

Poetzsch-Heffter F (1929) Vom Staatsleben unter der Weimarer Verfassung, Teil II (1 Jan 1925 – 31 Dec 1928). Mohr Siebeck, JöR a.F., Bd 17:1–141
Rauh M (1977) Die Parlamentarisierung des Deutschen Reiches. Droste, Düsseldorf
Rozek J (2014) Verfassungsrevision. In: Isensee J, Kirchhof P (Hrsg) Handbuch des Staatsrechts, Bd XII, 3. Aufl. C. F. Müller, Heidelberg, § 257, S 107–130
Sachs M (Hrsg) (2021a) Grundgesetz Kommentar, 9. Aufl. C. H. Beck, München
Sachs M (2021b) Art. 20 GG. In: Sachs M (Hrsg) Grundgesetz Kommentar, 9. Aufl. C. H. Beck, München
Schröder UJ (2007) Kriterien und Grenzen der Gesetzgebungskompetenz kraft Sachzusammenhangs nach dem Grundgesetz. Duncker & Humblot, Berlin
Stolleis M (2002) Geschichte des öffentlichen Rechts in Deutschland. Bd 3. C. H. Beck, München
Triepel H (1981) Streitigkeiten zwischen Reich und Ländern. Beiträge zur Auslegung des Artikels 19 der Weimarer Reichsverfassung. In: Berliner Juristische Fakultät (Hrsg) Festgabe der Berliner Juristischen Fakultät für Wilhelm Kahl zum Doktorjubiläum am 19. April 1923, Tübingen 1923, Neudruck. Scientia, Aalen, S 51–118
Unruh P (2018) Art. 140 GG. In: Huber PM, Voßkuhle A (Hrsg) MKS: Grundgesetz Kommentar, Bd 3, 7. Aufl. C. H. Beck, München, Rn. 1–88
Wiederin E (2018) Die Weimarer Reichsverfassung im internationalen Kontext. In: Dreier H, Waldhoff C (Hrsg) Das Wagnis der Demokratie. C. H. Beck, München, S 45–64
Zippelius R (1994) Kleine deutsche Verfassungsgeschichte. Vom frühen Mittelalter bis zur Gegenwart, 3. Aufl. C. H. Beck, München

4
Die Gesetzgebungsverfahren

4.1 Das Gesetzgebungsverfahren nach der Verfassung des Deutschen Reichs

Für die Gesetzgebung waren formal gleichermaßen der Bundesrat und der Reichstag zuständig. Gesetze konnten nur zustande kommen, wenn beide Organe zu einem Gesetz einen zustimmenden Mehrheitsbeschluss fällten (Art. 5 Abs. 1 Satz 2 RV). Das entsprach dem Prinzip von Checks and Balances in anderen Ländern[1] und war sozialgeschichtlich ein frühes Stadium des Gewaltenteilungspostulats, welches das liberale Bürgertum und schließlich auch die Arbeiterschaft forderte, um politische Mitspracherechte dem bis dahin aristokratisch geführten Staat abzutrotzen.[2]

Infolge des zustimmenden Mehrheitsbeschlusses beider Organe gab es sowohl im Bundesrat als auch im Reichstag eigene Verfahren zur Verabschiedung von Gesetzen.

4.1.1 Das Verfahren im Bundesrat zur Verabschiedung von Gesetzen

Nach Art. 7 RV war jedes Bundesmitglied befugt, Vorschläge dem Präsidium des Bundesrats zu machen und in Vortrag zu bringen. Das Präsidium stand dem König von Preußen zu (Art. 11 RV). Er ernannte den Reichskanzler, der den Vorsitz im Bundesrat und die Leitung der Geschäfte inne hatte (Art. 15 RV). Das Präsidium war verpflichtet, die Vorschläge der Beratung zu übergeben. Die Beschlussfassung erfolgte grundsätzlich mit einfacher Mehrheit. Länder, die mehr als eine Stimme im

---

[1] Halder (2011), S. 18.
[2] Bermbach (1970), S. 180.

Bundesrat hatten (Preußen 17, Bayern 6, Sachsen 4, Württemberg 4, Baden 3, Hessen 3, Mecklenburg-Schwerin 2, Braunschweig 2, Art. 6 Abs. 1 RV; ab 31.05.1911 Elsaß-Lothringen 3, Art. 6a RV), mussten diese einheitlich abgeben (Art. 6 Abs. 2 RV). Beschlossen wurde mit einfacher Mehrheit der *abgegebenen* Stimmen. Nicht vertretene oder nicht instruierte Stimmen wurden nicht mitgezählt. Bei Stimmengleichheit gab die Stimme des Präsidiums den Ausschlag. Die Stimmen Elsaß-Lothringens zählten nicht mit, wenn die Präsidialstimme nur durch Hinzuziehen dieser Stimmen die Mehrheit für sich erlangen oder den Ausschlag gegeben hätte (Art. 6a Abs. 2 RV).[3]

Eine Ausnahme von der Mehrheitsentscheidung bildeten nur Verfassungs ändernde Gesetze nach Art. 78 RV. Hier konnte selbst eine erhebliche Mehrheit nicht entscheiden, wenn 14 Stimmen (Preußen allein hatte 17) die Änderungen ablehnten. Ferner durften Vorschriften der Reichsverfassung, durch die bestimmte Rechte einzelner Bundesstaaten in deren Verhältnis zur Gesamtheit festgestellt waren, nur mit Zustimmung des berechtigten Bundesstaats abgeändert werden.

Die Verhandlungen und Beschlüsse des Bundesrats waren nicht öffentlich.[4] Nach außen trat nur das Präsidium mit Kaiser und Reichskanzler in Erscheinung.[5] Beraten wurde im Plenum oder in Ausschüssen, die nach der Geschäftsordnung des Bundesrats eingerichtet wurden. Die Reichsverfassung sah in Art. 8 RV elf ständige Ausschüsse vor. Über den Reichskanzler wurden die Gesetzesvorschläge des Bundesrats im Namen des Kaisers an den Reichstag zur Beratung weitergeleitet (Art. 16 RV).

4.1.2 Das Gesetzgebungsverfahren im Reichstag

Nach Art. 23 RV hatte der Reichstag das Recht, innerhalb der Kompetenz des ReichsGesetze vorzuschlagen. Dabei waren alle Abgeordneten des Reichstags befugt, Gesetzesinitiative zu ergreifen. Jedoch legte § 20 der Geschäftsordnung für den Reichstag des Deutschen Reichs (GOR) fest, dass Gesetzesanträge einzelner Reichstagsmitglieder mindestens von 15 Mitgliedern unterzeichnet und mit der Eingangsformel „Der Reichstag wolle beschließen" versehen werden mussten.[6] Danach folgte die Behandlung der Gesetzesvorlagen auf dem Prinzip der drei Lesungen.[7]

Die Gesetzesvorlagen des Bundesrats sowie die Anträge aus der Mitte des Reichstags wurden dem Reichstagspräsidenten vorgelegt, der für den Druck und die Verteilung der Drucksachen an die Abgeordneten sorgte (§ 15 GOR). Waren die Drucksachen verteilt, durfte die erste Lesung (Beratung) im Reichstag frühestens

---

[3] Vgl. Schuster (1992), S. 141, Fn. 3.
[4] Halder (2011), S. 14; Hattenhauer (2021).
[5] Jellinek (1909), S. 29; vgl. auch Ritter (1977), S. 41 f.
[6] von Holtzendorff (1871), S. 87 ff.
[7] Biefang (2012), S. 53.

am dritten Tag stattfinden und war auf eine allgemeine Diskussion über die Grundsätze des Gesetzes zu beschränken. Nicht war es gestattet, Änderungsvorschläge zur Vorlage selbst einzubringen. Der Reichstag hatte am Ende der ersten Lesung zu beschließen, ob eine Kommission mit der Vorberatung des Entwurfs zu betrauen ist (§ 16 GOR). Kommissionen waren nach § 24 GOR grundsätzlich für die Weiterentwicklung der Geschäftsordnung und für Petitionen festgesetzt. Vorgesehen waren sie außerdem für den Handel und die Gewerbe, die Finanzen und die Zölle, das Justizwesen und den Etat des Bundeshaushalts. Außerdem konnte der Reichstag für einzelne Angelegenheiten die Bildung besonderer Kommissionen beschließen.

Die zweite Lesung erfolgte frühestens am zweiten Tag nach der ersten Lesung. War eine Kommission eingesetzt, dann erst am zweiten Tag, nachdem die Anträge der Kommission gedruckt und an die Mitglieder des Reichstags verteilt worden waren (§ 17 Abs. 1 GOR). Über jeden einzelnen Artikel des Gesetzes wurde diskutiert und abschließend abgestimmt. Die Reihenfolge musste nicht eingehalten werden und der Reichstag konnte außerdem beschließen, die Diskussion über mehrere Artikel zu verbinden oder verschiedene zum selben Artikel gestellten Abänderungsvorschläge zu trennen (§ 17 Abs. 2 GOR). Auch während der zweiten Lesung durfte zur Berichterstattung an eine Kommission verwiesen werden (§ 19 Abs. 2 GOR). Die Abänderungsvorschläge zu einzelnen Artikeln konnten von allen Abgeordneten ohne Unterstützung durch andere Mitglieder eingebracht werden (§ 17 Abs. 3 GOR). Nach Ende der zweiten Lesung stellte der Präsident gemeinsam mit den Schriftführern die gefassten Abänderungsbeschlüsse zusammen. Die Zusammenstellung bildete die Grundlage für die dritte Lesung. Waren keine Änderungsvorschläge beschlossen worden, war Grundlage die ursprüngliche Vorlage. War die Vorlage in allen seinen Teilen abgelehnt worden, fand keine weitere Lesung mehr statt (§ 17 Abs. 4–6 GOR).

Die dritte Lesung erfolgte frühestens am zweiten Tag nach dem Abschluss der zweiten Lesung bzw. nach der Verteilung der Zusammenstellung der Änderungsbeschlüsse. Abänderungsvorschläge zu einzelnen Artikeln des Gesetzes durften in der Zwischenzeit und im Verlaufe der Beratung eingebracht werden, wobei sie allerdings nunmehr von 30 Mitgliedern des Reichstags unterstützt werden mussten (§ 18 Abs. 1–2 GOR). Für die dritte Lesung sah die GOR zunächst eine Diskussion über die Grundsätze des Entwurfs und danach über jeden einzelnen Artikel vor. Auch während der dritten Lesung durfte zur Berichterstattung an eine Kommission verwiesen werden (§ 19 Abs. 2 GOR). Den Abschluss der dritten Lesung bildete die Abstimmung über die Annahme oder Ablehnung des Gesetzes.[8] Waren Verbesserungsanträge angenommen worden, fand die Schlussabstimmung erst nach Zusammenstellung aller Beschlüsse statt (§ 18 Abs. 3–4 GOR).

Eine Abkürzung der Fristen bei den Lesungen und auch die Zusammenlegung der ersten und zweiten Lesung in einer Sitzung konnte bei Feststellung der Tagesordnung (§ 32 GOR) oder überhaupt an einem früheren Tag als an dem der Lesung mit Stimmenmehrheit beschlossen werden. Eine Abkürzung der Fristen nach § 16 (Verweisung an eine Kommission) und 18 GOR (Änderungsvorschläge) durften nur

---

[8] Bollmeyer (2007), S. 63.

dann beschlossen werden, wenn nicht 15 anwesende Mitglieder des Reichstags widersprachen (§ 19 Abs. 1 GOR).

Dieses beschriebene dreistufige Verfahren gab den Reichstagsmitgliedern genügend Zeit zur Meinungsbildung. Es bot den Abgeordneten zudem eine Vielzahl von Möglichkeiten, Korrekturen vorzunehmen oder auch eigene Vorstellungen vorzuschlagen, dabei in den Ausschüssen vertraulich nach Kompromissen zu suchen und politische Kernfragen im Reichstagsplenum so zu debattieren, dass sie der Öffentlichkeit wirksam vorgestellt werden konnten.[9]

Beschlossene Gesetzesvorlagen wurden dem Reichskanzler übersandt (§ 66 GOR). Noch nicht beschlossene Gesetzesvorlagen wurden mit Ablauf der Sitzungsperiode als erledigt erachtet (§ 67 GOR).

Waren Gesetze von Bundesrat und Reichstag mehrheitlich verabschiedet worden, mussten sie zu ihrer Wirksamkeit ausgefertigt und verkündet werden. Gab es keine übereinstimmende Zustimmung, galten sie als erledigt.

4.1.3 Die Ausfertigung und Verkündung der beschlossenen Gesetze bzw. ihre Erledigung

Die Ausfertigung und Verkündung der beschlossenen Gesetze standen dem Kaiser zu, ebenso die Überwachung ihrer Ausführung. Die Anordnungen und Verfügungen des Kaisers wurden im Namen des Reichs erlassen und bedurften zu ihrer Gültigkeit der Gegenzeichnung des Reichskanzlers, der dadurch die Verantwortlichkeit übernahm (Art. 17 RV). Die Reichsgesetze traten nach Art. 2 Satz 2 RV verbindlich durch ihre Verkündigung im Reichsgesetzblatt in Kraft. Sofern nicht in dem publizierten Gesetz ein anderer Anfangstermin bestimmt war, trat das Gesetz mit dem vierzehnten Tag nach dem Ablauf desjenigen Tages, an dem das betreffende Gesetz im Reichsgesetzblatt in Berlin ausgegeben worden war, in Kraft (Art. 2 Satz 3 RV).

Die Zeit von der Berufung über die Vertagung bis zur Schließung des Reichstags bildete die Sitzungsperiode, die sog. Session. Waren in einer Session Gesetzesvorhaben nicht abgeschlossen worden, galten diese als erledigt und mussten in der nächsten Session – bis auf wenige Ausnahmen – neu eingebracht werden.[10] Zum Beispiel umfasste nach einer Aufstellung der „Norddeutschen Allgemeinen Zeitung" die Session vom 16. November 1893 bis zum 19. April 1894 insgesamt 155 Tage, in denen u. a. 86 Plenarsitzungen und 196 Sitzungen der verschiedenen Kommissionen stattfanden.[11] In dieser Zeit wurden 24 Gesetzentwürfe des Bundesrats eingebracht. 17 von ihnen stimmte der Reichstag zu. Ein Gesetzentwurf wurde abgelehnt, 6 Gesetzentwürfe des Bundesrats blieben unerledigt. Aus der Mitte des

---

[9] Biefang (2012), S. 53 f.
[10] Achterberg (1984), S. 28.
[11] Ritter (1977), S. 58.

4.1 Das Gesetzgebungsverfahren nach der Verfassung des Deutschen Reichs

Reichstags wurden 31 Gesetzentwürfe eingebracht, von denen 4 die Genehmigung des Reichstags erhielten, einer wurde zurückgezogen und 26 blieben unerledigt.[12]

In den ersten sieben Legislaturperioden, die 20 Jahre von 1871 bis 1890 dauerten, wurden von Bundesrat und Reichstag insgesamt 417 Gesetze verabschiedet.[13] Zum Vergleich: In der 19. Legislaturperiode des Deutschen Bundestags, die nur vier Jahre von 2017 bis 2021 reichte, traten 524 Gesetze in Kraft.[14] Allein in der ersten Legislatur waren es über 100 Gesetze, die von grundlegender Bedeutung für das junge Kaiserreich waren: Gesetzlich verankert wurden die Einheit der Währung und des Münzwesens mit Gründung der Reichsbank, die Vereinheitlichung des bürgerlichen Rechts und der Gerichtsverfassung, des Beamtenrechts und des Eisenbahnwesens.[15] Diese Gesetze konnten nur durch das Zusammenspiel von Bundesrat und Reichstag bei der Gesetzgebung entstehen.

4.1.4 Das Zusammenspiel von Bundesrat und Reichstag bei der Gesetzgebung

Der Reichstag war die dominierende Kraft bei den legislativen Entscheidungen. Er war nicht der „widerwillig geduldete Bewilligungsapparat einer herrschenden Bürokratie",[16] sondern verstand sich selbst als politisch gestaltendes Organ. Entsprechend handelten die Abgeordneten auf hohem Niveau und mit viel Sachverstand. Der Reichstag war neben der übermächtigen Reichsleitung, die vom Vertrauen des Parlaments unabhängig war und zudem die Auflösung des Reichstags als Machtinstrument einsetzen konnte,[17] die wichtigste politische Kraft im Kaiserreich, was offenbar auch im Bundesrat schon bald eingesehen wurde. Denn der Bundesratsbevollmächtigte für das Herzogtum Braunschweig, *Friedrich von Liebe* (1809–1885), schrieb 1878 an seine Regierung: Da der Bundesrat immer nachgegeben habe, sei der führende nationalliberale Reichstagsabgeordnete *Eduard Lasker* (1829–1884) mit mehr Einfluss ausgestattet als alle deutschen Regierungen zusammen.[18] Dennoch konnte der Reichstag bei der Gesetzgebung nicht frei walten: Denn der Bundesrat machte immer dann keinerlei Zugeständnisse, „wenn es darum ging, Maßnahmen zu verhindern, die den verfassungsrechtlichen und sozialen Status quo erheblich hätten verändern können".[19] Bundesrat und Reichstag gemeinsam waren somit die Träger der Staatsgewalt.

---

[12] Norddeutsche Allgemeine Zeitung (1894), S. 2.
[13] Biefang (2012), S. 58, Tab. 1.
[14] Der Spiegel (2021).
[15] Tormin (1966), S. 35.
[16] Weber (1988), S. 320.
[17] Nipperdey (1991), S. 107.
[18] Vgl. Dahl (1969), S. 153; Fenske (1989), S. 67; Fenske (1993), S. 22.
[19] Fenske (1993), ebd.

4.2 Das Gesetzgebungsverfahren nach der Weimarer Reichsverfassung

Das Verfahren der ordentlichen Reichsgesetzgebung nach der WRV war für alle formellen Gesetze gleich und begann mit der Einbringung eines Gesetzentwurfs beim Reichstag (*Gesetzesinitiative*).

4.2.1 Initiativrecht zu Reichsgesetzen

Initiativrecht stand *unmittelbar* nur der Reichsregierung und dem Reichstag zu. *Mittelbar* hatten aber auch der Reichsrat, der Reichswirtschaftsrat, ein Zehntel des stimmberechtigten Volkes sowie – nur bei Gebietsänderungen oder Neubildungen (Art. 18 Abs. 3 WRV) – ein Drittel der zum Reichstag wahlberechtigten Einwohner des abzutrennenden Gebiets ein Initiativrecht.

Art. 68 Abs. 1 gab zunächst der Reichsregierung, zu der nicht der Reichspräsident zählte, das Initiativrecht. In Entsprechung des Art. 57, dass u. a. alle Gesetzentwürfe der Reichsminister der Reichsregierung zur Beratung und Beschlussfassung zu unterbreiten hatten, konnte die Reichsregierung nur als Kollegialorgan Gesetzesinitiative ergreifen.[20] Auch aus der Mitte des Reichstags wurden Gesetzesvorlagen eingebracht. Alle Abgeordneten konnten Gesetzesinitiative ergreifen, jedoch legte § 49 der Geschäftsordnung des Reichstags (GO-RT) eine Mindestzahl von 15 Unterschriften fest.

Soweit die Gesetzesvorlage – wie die meisten – von der Reichsregierung kam, musste sie nach Art. 69 Abs. 1 Satz 1 versuchen, den *Reichsrat* zur Zustimmung zu bewegen. Kam jedoch keine Übereinstimmung zwischen beiden Verfassungsorganen zustande, konnte die Reichsregierung ihre Vorlage dennoch in den Reichstag einbringen, musste aber die abweichende Auffassung des Reichsrats nach Art. 69 Abs. 1 Satz 2 darlegen. Diese Vorlageverpflichtung betraf aber nur die von ihr selbst initiierten Gesetzentwürfe und nicht die Vorlagen, die vom Reichsrat, Reichswirtschaftsrat, durch Volksbegehren oder durch Volksentscheid eines beteiligten Bevölkerungsteils initiiert wurden. Betrafen die eigenen Gesetzentwürfe der Reichsregierung sozialpolitische und wirtschaftspolitische Inhalte von grundlegender Bedeutung, musste der sachlich zuständige Reichsminister diese Entwürfe nach Art. 165 Abs. 4 Satz 1 i. V. m. den §§ 39, 40 der Gemeinsamen Geschäftsordnung der Reichsministerien – Besonderer Teil (GGO II) zunächst oder zeitgleich mit der Vorlage beim Reichsrat dem *Reichswirtschaftsrat* zur Begutachtung vorlegen. Dieser Reichswirtschaftsrat wurde jedoch nur provisorisch durch die Verordnung über den Vorläufigen Reichswirtschaftsrat vom 4. Mai 1920[21] eingerichtet. Er bestand als *Vorläufiger Reichswirtschaftsrat* mit 326 Mitgliedern, die Vertreter der Land- und

---

[20] Vgl. Anschütz (1960), S. 329 u. 361.
[21] RGBl. 1920, S. 858.

Forstwirtschaft (68), der Gärtnerei und Fischerei (6), der Industrie (68), des Handels, der Banken und des Versicherungswesens (44), des Verkehrs und der öffentlichen Unternehmungen (34), des Handwerks (36), der Verbraucherschaft (30), der Beamtenschaft und der freien Berufe (16) sowie mit dem Wirtschaftsleben der einzelnen Landesteile besonders vertrauten Persönlichkeiten (12) und von der Reichsregierung ernannten Personen (12) bestand,[22] bis zu seiner Auflösung durch Gesetz der nationalsozialistischen Regierung vom 31. März 1934.[23] Bis dahin war er vor allem damit beschäftigt, den (endgültigen) Reichswirtschaftsrat gesetzlich vorzubereiten.

Der Reichswirtschaftsrat hatte nach der WRV das Recht, selbst Gesetzesvorlagen mit sozialpolitischen und wirtschaftspolitischen Inhalten von grundlegender Bedeutung zu beantragen, wobei aber die Reichsregierung entschied, ob der Entwurf diese Voraussetzungen erfüllte.[24] Stimmte einer Gesetzesvorlage des Reichswirtschaftsrats die Reichsregierung nicht zu, musste sie dennoch die Vorlage unter Darlegung ihres Standpunkts beim Reichstag einbringen (Art. 165 Abs. 4 Satz 2 WRV). Der Reichswirtschaftsrat konnte dann sogar die Vorlage durch eines seiner Mitglieder vor dem Reichstag vertreten lassen (Art. 165 Abs. 4 Satz 3 WRV), ein Recht, das dem Reichsrat nicht zustand.

Nach Art. 73 Abs. 3 WRV konnte das Begehren nach Vorlegung eines Gesetzentwurfs auch durch einen Volksentscheid, dem ein Zehntel der Stimmberechtigten zustimmen mussten, herbeigeführt werden. Tatsächlich wurden solche Plebiszite als Volksinitiativrecht im Gesetzgebungsverfahren – Carl Schmitt[25] spricht vom „Volksgesetzgebungsverfahren" – siebenmal versucht.[26] In drei Fällen wurden sie aufgrund des Art. 73 Abs. 4, der bestimmte, dass über den Haushaltsplan, über Abgabengesetze und Besoldungsordnungen nur der Reichspräsident einen Volksentscheid veranlassen durfte, nicht zugelassen. Die vier zugelassenen Verfahren wurden einmal von den Initianten nicht weiterverfolgt und dreimal erreichten sie nicht das notwendige Quorum von 10 % aller Stimmberechtigten.[27] Solchen Volksbegehren nach Art. 73 Abs. 3 musste immer ein ausgearbeiteter Gesetzentwurf zugrunde liegen, der von der Reichsregierung unter Darlegung ihrer Stellungnahme dem Reichstag zu unterbreiten war. Der Volksentscheid fand nicht (mehr) statt, wenn der begehrte Gesetzentwurf im Reichstag unverändert angenommen wurde. Solche Volksentscheide waren stets (also auch für Verfassungsänderungen) fakultativ und nicht – kraft Gesetzes – obligatorisch.[28] Die hohen Hürden der Antrags- und Beteiligungsquoren verhinderten jedoch, dass das Volksinitiativrecht zur Gesetzgebung

---

[22] Anschütz (1960), S. 749.
[23] RGBl. II 1934, S. 115.
[24] Anschütz (1960), S. 365.
[25] Schmitt (2014), S. 14.
[26] Vgl. Anschütz (1960), S. 390; Anschütz und Thoma (1930), S. 168 ff.
[27] Vgl. Poetzsch-Heffter (1929), S. 131 ff.
[28] Anschütz (1960), S. 385; a. A. Jacobi (1929), S. 240 ff. u. 257 ff.

über das Begehren hinaus weiterverfolgt wurde oder es scheiterte am nach Art. 75 hohen Beteiligungsquorum von 50 % der Stimmberechtigten.[29]

Dieselbe Erfolglosigkeit hatte auch das in Art. 18 Abs. 3 verankerte Volksinitiativrecht zu einem Gesetz über die Änderung eines Gebiets von Ländern und die Neubildung von Ländern, das zweimal versucht wurde.

4.2.2 Verfahren bis zum Beschluss von Reichsgesetzen

Nach Art. 68 Abs. 2 wurden die Reichsgesetze (nur) vom Reichstag beschlossen. Dies galt auch in den nach Art. 73 Abs. 2 u. 3 und Art. 74 Abs. 3 i. V. m. 75 WRV vorgesehenen Verfahren von Volksentscheiden. Der Erlass eines Gesetzes durch das Volk unter Umgehung des Reichstags war nach der WRV nicht möglich.[30]

Nach § 36 Abs. 1 GO-RT wurden Gesetzentwürfe, Haushaltsvorlagen und Staatsverträge in drei Beratungen (= Lesungen) erledigt, wobei die erste Lesung frühestens am dritten Tag nach Verteilung der Drucksache beginnen konnte. Der Reichstag durfte aber nach § 36 Abs. 2 GO-RT die Beratung eines Gegenstands bis zu vier Wochen aussetzen. In der ersten Lesung von Gesetzentwürfen und Staatsverträgen wurden nach § 37 GO-RT nur die Grundsätze besprochen; erst am Ende der ersten Lesung konnten Änderungsanträge zu Gesetzentwürfen gestellt werden und es erfolgte in aller Regel die Überweisung der ganzen oder teilweisen Gesetzesvorlage an einen oder mehrere Ausschüsse. Jeder Ausschuss hatte sich nur mit dem ihm überwiesenen Gegenstand zu befassen (§ 38 GO-RT).

Die zweite Lesung konnte nach § 40 GO-RT frühestens am zweiten Tag nach der ersten Lesung und bei Ausschussüberweisung nach Verteilung des – regelmäßig schriftlichen – Ausschussberichts erfolgen. Üblicherweise fand keine allgemeine Besprechung statt, sondern es wurden chronologisch die einzelnen Bestimmungen des Gesetzentwurfs beraten und jeweils abschließend darüber abgestimmt. Abweichungen hiervon konnte der Reichstag jederzeit beschließen. Änderungen zu Gesetzentwürfen durften während der Besprechung des Gegenstands, auf den sie sich bezogen, nach §§ 41, 42 GO-RT beantragt werden. Alle beschlossenen Änderungen wurden zuvor für die dritte Lesung, die wieder mit einer allgemeinen Besprechung über die Grundsätze der Vorlage begann und an der sich die Einzelberatung anschloss, zusammengestellt. Änderungsvorschläge zu einzelnen Artikeln des Gesetzes mussten in der dritten Lesung von mindestens 15 Reichstagsmitgliedern unterstützt werden (§§ 43, 44 GO-RT). Am Ende der Beratungen erfolgte die Schlussabstimmung, in der über die Annahme oder Ablehnung der Gesetzesvorlage abgestimmt wurde (§§ 45, 46 GO-RT).

Nach Art. 32 war zu einem Beschluss des Reichstags die einfache Stimmenmehrheit erforderlich. Verfassungsändernde Gesetzen bedurften aber nach Art. 76 Abs. 1 Satz 2 WRV für die Abstimmung die Anwesenheit von zwei Dritteln der

---

[29] Anschütz und Thoma (1930), S. 168 ff.; vgl. Gusy (2018), S. 131, Fn. 25.
[30] Anschütz (1960), S. 385.

gesetzlichen Mitgliederzahl des Reichstags, von denen dann mindestens zwei Drittel dem verfassungsändernden Gesetz zustimmen mussten. Auch Beschlüsse des Reichsrats auf Abänderung der Verfassung bedurften einer Mehrheit von zwei Dritteln der abgegebenen Stimmen (Satz 3). Als verfassungsändernde Gesetze galten alle, die von einer Norm der WRV abwichen, auch wenn sie den Text der Verfassung nicht änderten und die Verfassungsänderung nicht konkret benannten.[31] Die vom Reichstag abgelehnten oder beschlossenen Reichsgesetze lösten ein weiteres Verfahren aus.

4.2.3 Verfahren nach Beschluss oder Ablehnung von Reichsgesetzen durch den Reichstag

Die vom Reichstag beschlossenen Gesetze wurden nicht unanfechtbar, sondern konnten nach Art. 74 durch Einspruch des Reichsrats oder durch Anrufung eines Volksentscheids angefochten werden. Volksentscheide anzurufen hatte nach Art. 73 Abs. 1 und 74 Abs. 3 der Reichspräsident. Die von ihm angeordneten Volksentscheide bedurften nach Art. 75 WRV ein Beteiligungsquorum von 50 % aller Stimmberechtigten, wenn der Reichstagsbeschluss, der auch die Ablehnung eines Gesetzes betreffen konnte, außer Kraft gesetzt werden sollte.[32] Sollte nach Volksbegehren durch Volksentscheid eine Verfassungsänderung beschlossen werden, war nach Art. 76 Abs. 1 Satz 3 die *Zustimmung* der Mehrheit der Stimmberechtigten erforderlich. 1929 gab es ein solches von der Soldatenvereinigung „Stahlhelm" und der Deutschnationalen Volkspartei (DNVP) unter dem Kennwort „Freiheitsgesetz" initiiertes Volksbegehren. Darin wurde – unter Durchbrechung der Art. 45, 56 WRV[33] – die Annahme eines Gesetzentwurfs „gegen die Versklavung des Deutschen Volkes" verlangt. Das Volksbegehren erreichte das Quorum. Der Reichstag lehnte aber den Gesetzentwurf des Volksbegehrens ab. Der darauf erfolgte Volksentscheid erreichte aber nicht einmal das *Beteiligungs*quorum von 50 % der Stimmberechtigten.[34]

Bei verfassungsändernden Gesetzen gegen den Einspruch des Reichsrats konnte dieser nach Art. 76 Abs. 2 WRV ebenfalls einen Volksentscheid verlangen. Außerdem war eine Abgeordnetenminderheit im Reichstag von mindestens einem Drittel durch ihren Antrag, die Verkündung eines Gesetzes durch den Reichspräsidenten gemäß Art. 72 WRV auszusetzen, in der Lage, einen Volksentscheid zu initiieren. Diesen Volksentscheid mussten aber nach Art. 73 Abs. 2 WRV 5 % aller

---

[31] Anschütz (1960), S. 402 ff.
[32] Vgl. Anschütz (1960), S. 399 f.; mit zum Teil a. A. von Bühler (1929), S. 100 f.
[33] Vgl. RT-Drs. 1928/29 Nr. 1429 vom 25.11.1929.
[34] Vgl. Merk (1930), S. 87; Loewenstein (1969), S. 211 ff.

Stimmberechtigten zunächst durch eine *Vor*volksabstimmung unterstützen,[35] wozu es aber – nicht zuletzt aufgrund des Quorums[36] – nie gekommen ist.[37]

Gemäß Art. 74 Abs. 1 hatte der Reichsrat das Recht des Einspruchs zu *jedem* vom Reichstag beschlossenen Gesetz. Der Einspruch musste innerhalb von zwei Wochen nach der Schlussabstimmung im Reichstag bei der Reichsregierung eingebracht und spätestens nach zwei weiteren Wochen im Einzelnen begründet werden (Abs. 2). Fristversäumnis und mangelnde Begründung machten den Einspruch nichtig. Die Reichsregierung entschied, ob sie den Einspruch an den Reichstag weitergibt. Dagegen konnte der Reichsrat keine Rechtsmittel einlegen, da es keine richterliche Instanz zur Entscheidung von Streitigkeiten zwischen den obersten Reichsorganen über die Auslegung und Anwendung der WRV gab.[38] Leitete die Reichsregierung den Einspruch weiter, wurde das Gesetz dem Reichstag zur nochmaligen Beschlussfassung vorgelegt. Der Reichstag war zwar an die nochmalige Beschlussfassung gebunden, hatte dafür aber keine Frist einzuhalten.[39] Kam trotz der Verhandlungen der beiden Verfassungsorgane, die nach §§ 51, 52 GGO II über die Reichsregierung initiiert wurden, keine Übereinstimmung zwischen Reichstag und Reichsrat zustande, hatte der Reichspräsident nach eigenem Ermessen die Wahl, einen Volksentscheid anzuordnen oder nicht (Satz 2). Entschied er sich nicht für einen Volksentscheid, kam das Gesetz nicht zustande (Satz 3).[40] Der Reichstag hatte aber auch die Möglichkeit, den Einspruch des Reichsrats mit Zweidrittelmehrheit zurückzuweisen (Abs. 3 Sätze 1 u. 4). In diesem Fall hatte der Reichspräsident die Wahl, innerhalb von drei Monaten das Gesetz in der vom Reichstag beschlossenen Fassung zu verkünden oder einen Volksentscheid anzuordnen (Satz 4). Das Einspruchsrecht des Reichsrats brachte also kein Gesetz zu Fall, sondern musste die Entscheidung über das Schicksal des Gesetzes entweder dem Reichspräsidenten und dem Volk überlassen.[41] Hatte der Reichstag bei der nochmaligen Beschlussfassung Änderungen vorgenommen, denen der Reichsrat (wiederum) nicht zustimmte, war das Gesetz als neues Gesetz aus der Mitte des Reichstags zu behandeln, gegen das der Reichsrat wiederum Einspruch erhoben hatte (§ 52 Abs. 7 GGO II).

Lag kein Einspruch des Reichsrats vor, hatte der Reichspräsident die verfassungsmäßig zustande gekommenen Gesetze nach Art. 70 auszufertigen und binnen Monatsfrist im Reichs-Gesetzblatt zu verkünden. Die Reichsgesetze traten, wenn sie nichts anderes bestimmten, nach Art. 71 mit dem vierzehnten Tag nach Ablauf des Tages in Kraft, an dem das Reichs-Gesetzblatt in der Reichshauptstadt ausgegeben worden war. Somit stellt sich nur noch die Frage, welche politische Einflussnahmen auf die Gesetzgebung bestanden.

---

[35] Vgl. Jellinek (1930), S. 176.
[36] Gusy (2018), S. 134.
[37] Anschütz (1960), S. 388.
[38] Anschütz (1960), S. 163, Fn. 3, u. S. 395; a. A. Schmitt (2016), S. 55 f.
[39] Triepel (1920), S. 515.
[40] Bilfinger (1930), S. 566.
[41] Anschütz (1960), S. 394.

4.3 Das Gesetzgebungsverfahren nach dem Bonner Grundgesetz

Auf Ebene der EU ist dominierendes Organ für die normativen Rechtsakte in Form von Verordnungen und Richtlinien der Rat, das Europaparlament hat lediglich Mitentscheidungsrechte (Art. 294 AEUV). Über die Gegenstände der normativen Rechtsakte wurde aber in allen Mitgliedstaaten der EU zuvor abgestimmt, in Deutschland durch Bundestag und Bundesrat. Da Deutschland ein unitarischer Bundesstaat ist, bei dem der Bund über seine ausschließliche (Art. 73 GG) und die konkurrierendeGesetzgebungskompetenz (Art. 74 GG) und nicht etwa die Bundesländer die meisten Gesetze verabschiedet, steht im Mittelpunkt das Gesetzgebungsverfahren nach dem Grundgesetz. Bei den Ländern verläuft die Gesetzgebung nach ihrer jeweiligen Verfassung aus Gründen des Homogenitätsprinzips des Art. 28 Abs. 1 GG ohne zweite Kammer ähnlich.

Das Verfahren der ordentlichen Bundesgesetzgebung nach dem Grundgesetz ist für alle Gesetze gleich und beginnt mit der Einbringung eines Gesetzentwurfs beim Deutschen Bundestag(*Gesetzesinitiative*).

4.3.1 Initiativrecht zu Bundesgesetzen

Initiativrecht steht nach Art. 76 Abs. 1 GG der Bundesregierung als Kollegialorgan, den Mitgliedern des Bundestags, wenn sie mindestens 5 % der Abgeordneten oder eine Fraktion bilden, sowie dem Bundesrat, aber nicht dem Volk zu. Da die Bundesregierung mit dem Beamtenapparat in den Ministerien die notwendige Infrastruktur für die Formulierung von Gesetzen und für die Folgenabschätzung von Rechtsvorschriften hat, stammen die weitaus meisten Gesetzesinitiativen von ihr. Einen Teil ihrer Entwürfe bringt sie aber aus Beschleunigungsgründen über die Regierungsfraktion in den Bundestag ein, weil bei Gesetzesvorlagen aus der Mitte des Bundestags weder die Bundesregierung noch der Bundesrat zuvor mitwirken.[42]

Ein ministerieller Referentenentwurf muss nach der Gemeinsamen Geschäftsordnung der Bundesministerien (GGO) zuerst allen von dem Gesetzentwurf betroffenen Bundesministerien und dem *Nationalen Normenkontrollrat* (NKR) vorgelegt werden (§ 45 GGO), der die von den Ministerien erarbeiteten Schätzungen der Kostenfolgen für Bürger, Wirtschaft und Verwaltung prüft, um unnötige Bürokratie bzw. Folgekosten zu verhindern. Das Justizministerium führt eine Rechtsprüfung durch (§ 46 GGO). Nach Vorlage des Gesetzentwurfs an das Kabinett (§ 51 GGO) und dessen Beschluss wird der Entwurf dem Bundesrat zugeleitet, der im Regelfall innerhalb von sechs Wochen Stellung zu der Gesetzesvorlage nehmen kann. Bei Eilantrag der Bundesregierung verringert sich die Frist auf drei, bei Verlängerungsantrag des Bundesrats auf bis zu neun Wochen (Art. 76 Abs. 2 GG). Da der Bundesrat

---
[42] Hesse und Ellwein (2012), S. 367.

ohnehin noch nach dem Bundestagsbeschluss beteiligt wird, macht er von der Möglichkeit der Stellungnahme nur ausnahmsweise Gebrauch. Wird Stellung genommen, geht diese zurück an die Bundesregierung, die sich zu den Vorschlägen des Bundesrats äußern muss und ihre eigene Vorlage auch geringfügig ändern kann, ohne aber völlig neue Vorschriften nachzuschieben.[43] Mit den Stellungnahmen geht der Gesetzesentwurf von der Bundesregierung an den Präsidenten des Bundestags, der daraus eine Bundestagsdrucksache fertigen lässt und diese allen Abgeordneten zuleitet.

Der Bundesrat übt sein Initiativrecht aus, indem er seine Gesetzesvorlage der Bundesregierung zur Stellungnahme vorlegt. Diese muss sich innerhalb derselben Fristen (Regelfall sechs Wochen) äußern und den Gesetzentwurf dem Präsidenten des Bundestags zuleiten. Ein Fristversäumnis macht das Gesetzgebungsverfahren nicht rechtswidrig, sodass auch verspätete Stellungnahmen zulässig sind.[44] Im Ältestenrat wird entschieden, wann die erste Beratung (= Lesung) für den eingebrachten Gesetzentwurf stattfinden soll.

4.3.2 Verfahren bis zum Beschluss von Bundesgesetzen

In der *ersten Lesung* wird über die Gesetzesvorlage debattiert und im Anschluss können Änderungsanträge gestellt werden. Die erste Lesung endet mit der Überweisung der Vorlage an einen oder meistens an mehrere Ausschüsse, wobei nur der federführende Fachausschuss die Beschlussempfehlung an das Bundestagsplenum geben darf. Jeder – auch oppositionelle – Gesetzentwurf hat einen Anspruch darauf, dass sich das Gesetzgebungsorgan damit beschäftigt.[45] Allerdings hat sich inzwischen eingebürgert, dass die Debatte der ersten Lesung entfällt und sofort die Überweisung an die Ausschüsse erfolgt.[46] Erst in den Ausschüssen findet dann die eigentliche Debatte statt, an der sich alle Abgeordneten, die im Ausschuss Mitglied sind, aktiv beteiligen können. Nach § 69 Abs. 1 Satz 1 der Geschäftsordnung des Deutschen Bundestags sind jedoch die Beratungen der Ausschüsse im Gegensatz zu den Debatten im Plenum grundsätzlich nicht öffentlich. Von der seit 1969 geltenden Möglichkeit, Ausschusssitzungen im Einzelfall öffentlich durchzuführen, wird außerdem nur selten Gebrauch gemacht. Der Versuch im Jahre 2014 der beiden Oppositionsfraktionen der 18. Wahlperiode, „aus Gründen der Nachvollziehbarkeit des gesamten demokratischen Prozesses" Öffentlichkeit herzustellen,[47] scheiterte bisher jedoch. Die Nichtöffentlichkeit ist aber nicht absolut. In der Regel haben diejenigen Abgeordneten, die dem Ausschuss selbst nicht angehören und *immer* die Minister und ihre Beauftragten Zutritt zu den nicht öffentlichen Sitzungen und müssen

---

[43] Frank et al. (2012), S. 241.
[44] Jarass und Pieroth (2020), Art. 76, Rn. 5.
[45] BVerfGE 1, 144 [153]; 112, 363 [366]; Jarass und Pieroth (2020), Art. 76, Rn. 4.
[46] So schon Hennis (1966), S. 26 ff.
[47] BT-Drs. 18/3045, S. 2.

4.3 Das Gesetzgebungsverfahren nach dem Bonner Grundgesetz

jederzeit gehört werden. Dies gilt auch für die Mitglieder und Beauftragten des Bundesrats (Art. 43 Abs. 2 GG).

Nach den Beratungen in den Ausschüssen kommt die Vorlage als Drucksache „Beschlussempfehlung und Bericht" zur *zweiten Lesung* zwecks Aussprache über die Beratungen im Fachausschuss und der Möglichkeit zu Gesetzesänderungsanträgen in den Bundestag. Oft in derselben Sitzung folgt die *dritte Lesung*, an deren Ende die Schlussabstimmung über den Gesetzentwurf steht.[48] Grundsätzlich genügt für die Annahme des Gesetzes im Bundestag die einfache Mehrheit, es sei denn, dass es sich um ein verfassungsänderndes Bundesgesetz handelt. In diesen Fällen bestimmt Art. 79 Abs. 2 GG, dass das Gesetz der Zustimmung von zwei Dritteln der Mitglieder des Bundestags und zwei Dritteln der Stimmen des Bundesrats bedarf.

Ist ein Gesetzentwurf im Bundestag mehrheitlich (Art. 42 Abs. 2 Satz 1 GG) angenommen, wird er dem Bundesrat vorgelegt, der Kraft seiner Befugnisse nach dem Bundestag wichtigstes Organ des Bundes ist.[49] Der Deutsche Bundestag ist das gesetzgebende Verfassungsorgan, während der Bundesrat, über den die Bundesländer bei der Gesetzgebung des Bundes beteiligt sind (Art. 50 GG), Mitwirkungsrechte hat. Diese sind unterschiedlich ausgestaltet. Soweit ein vom Bundestag beschlossenes Gesetz keine Verfassungsänderung vorsieht, richtet sich die Mitwirkung des Bundesrats und der weitere Gesetzgebungsweg danach, ob es sich um ein sog. *Zustimmungsgesetz* oder um ein *Einspruchsgesetz* handelt. Bei Zustimmungsgesetzen muss der Bundesrat mit Stimmenmehrheit (Art. 52 Abs. 3 GG) dem vom Bundestag verabschiedeten Gesetz zustimmen. Aus dem Grundgesetz selbst ergibt sich, welche Gesetze Zustimmungsgesetze sind, neben verfassungsändernden zum Beispiel Bundesgesetze, die das Verwaltungsverfahren der Bundesländer regeln (Art. 84 Abs. 1, 85 Abs. 1, 87 Abs. 3 GG), oder Bundesgesetze zu Steuern der Länder und Kommunen (Art. 105 Abs. 3, 106 Abs. 3, 107 GG). Einspruchsgesetze sind alle anderen Gesetze. Für diese einfachen Gesetze ist eine Zustimmung nicht vorgesehen, der Bundesrat kann aber gegen sie Einspruch erheben.

Denn der Bundesrat kann gegen das vom Bundestag beschlossene Zustimmungs- oder Einspruchsgesetz innerhalb von drei Wochen den Vermittlungsausschuss, der aus je 16 weisungsungebundenen Mitgliedern des Bundestags und des Bundesrats besteht, anrufen. Dieses Recht steht auch bei zustimmungsbedürftigen Gesetzen dem Bundestag und der Bundesregierung zu. Schlägt der Vermittlungsausschuss eine Änderung des Gesetzes vor, muss der Bundestag über den Änderungsvorschlag abstimmen. Stimmt er zu, kann davon ausgegangen werden, dass der Bundesrat ebenfalls zustimmt oder keinen Einspruch einlegt.

Nach Abschluss des Vermittlungsverfahrens ist bei Zustimmungsgesetzen das vom Bundestag beschlossene Bundesgesetz endgültig abgelehnt, wenn der Bundesrat nicht zustimmt. Bei Einspruchsgesetzen kann der Bundesrat nach Beendigung des Vermittlungsverfahrens Einspruch einlegen. Diesen Einspruch kann aber der Bundestag überstimmen, indem er den Bundesratseinspruch mit derselben einfachen oder Zweidrittel-Mehrheit, mindestens jedoch mit der Mehrheit seiner

---

[48] Frank et al. (2012), S. 242.
[49] Frank et al. (2012), S. 225.

Mitglieder, zurückweist (Art. 76, 77 GG).[50] Daher kommt ein vom Bundestag beschlossenes Gesetz zustande, wenn der Bundesrat zustimmt, den Antrag auf Einberufung des Vermittlungsausschusses gemäß Art. 77 Abs. 2 GG nicht stellt, innerhalb der Frist von drei Wochen nach Art. 77 Abs. 3 GG keinen Einspruch einlegt oder ihn zurücknimmt oder wenn der Einspruch vom Bundestage überstimmt wird (Art. 78 GG).

Die vom Bundestag unter Mitwirkung des Bundesrats beschlossenen Bundesgesetze werden gemäß Art. 82 Abs. 1 Satz 1 GG nach Gegenzeichnung durch den Bundeskanzler oder die zuständigen Bundesminister vom Bundespräsidenten ausgefertigt und im Bundesgesetzblatt (BGBl.) verkündet. Dabei steht dem Bundespräsidenten ein sachliches Prüfungsrecht im Sinne einer politischen Entscheidungskompetenz nicht zu. Da „Ausfertigung" jedoch auch die Beurkundung einschließt, dass das Gesetz verfassungsgemäß zustande gekommen ist, ergibt sich daraus notwendigerweise das Prüfungsrecht des Bundespräsidenten über das verfassungsrechtlich *formell* ordnungsgemäße Zustandekommen eines Bundesgesetzes. Ein *materielles* Prüfungsrecht steht ihm nur für die Fälle „evidenten Verfassungsbruchs" zu.[51] Voraussetzung für das Inkrafttreten des Gesetzes ist ferner, dass das Bundesgesetz im BGBl. verkündet worden ist. Es tritt an dem Tag in Kraft, der im Gesetz selbst bestimmt worden ist. Fehlt eine solche Datumsangabe, tritt das Gesetz mit dem 14. Tag nach Ausgabe des entsprechenden Bundesgesetzblatts in Kraft. Ein rückwirkendes Inkrafttreten ist nur in sehr seltenen Ausnahmefällen möglich, wenn abgeschlossene Sachverhalte nicht berührt werden.[52]

Eine Ausnahme vom ordentlichen Gesetzgebungsverfahren bildet der *Gesetzgebungsnotstand*, der anlässlich eines Konflikts zwischen Bundesregierung und Bundestag entstehen kann und auf Antrag der Bundesregierung mit Zustimmung des Bundesrats vom Bundespräsidenten ausgerufen wird. In diesem Fall gelten vom Bundestag abgelehnte Gesetzesvorlagen als zustande gekommen, wenn (nur) der Bundesrat ihnen zustimmt. Grundgesetzänderungen oder ganz oder teilweise Außerkraftsetzungen sind nicht erlaubt (Art. 81 GG). Eine weitere Ausnahme vom ordentlichen Gesetzgebungsverfahren bildet das Verfahren nach der *Notstandsverfassung*, die durch *innere* Krisen wie Bürgerkrieg oder politischen Streik oder bei *äußerem* Notstand durch Krieg oder sonstige militärische Bedrohung entsteht. In diesem Fall übernimmt ein sog. *Gemeinsamer Ausschuss* die Gesetzgebung. Er besteht zu zwei Dritten aus Mitgliedern des Bundestags, zu einem Drittel aus solchen des Bundesrats. Voraussetzung ist, dass der Bundestag nicht zusammentreten kann oder nicht beschlussfähig ist. Der Gemeinsame Ausschuss darf das Grundgesetz weder ändern noch außer Kraft setzen (Art. 53a, 80a GG).

Die politische Verantwortung für das vom Parlament verabschiedete Gesetz fällt auf die Exekutivorgane Bundeskanzler und -minister, die zur Gegenzeichnung nach Art. 58 GG berufen sind. Die verfassungsrechtliche Überprüfung von Bundesgesetzen fällt unter das richterliche Prüfungsrecht und steht damit nur dem

---

[50] Vgl. Frank et al. (2012), S. 242 f.; Badura (2015), S. 688 f.
[51] Möllers (2012), S. 85 f. m. w. N.; Badura (2015), S. 626 f. u. 691.
[52] BVerfGE 135, 1.

Bundesverfassungsgericht – als dem mit Blick auf Art. 93 GG zentralen „Hüter der Verfassung"[53] – zu. Trotz der im Gesetzgebungsverfahren mehrfach vorgesehenen Kontrollinstanzen ist jedoch nicht von der Hand zu weisen, dass es politische Einflussnahmen auf die Gesetzgebung gibt.

Literatur

Achterberg N (1984) Parlamentsrecht. Mohr Siebeck, Tübingen
Anschütz G (1960) Die Verfassung des Deutschen Reichs vom 11. August 1919. Kommentar, unveränderter fotomechanischer Nachdruck der 14. Aufl., Berlin 1933. Gehlen, Bad Homburg vor der Höhe
Anschütz G, Thoma R (Hrsg) (1930) Handbuch des Deutschen Staatsrechts, Erster Band, Das öffentliche Recht der Gegenwart, Bd 28. Mohr Siebeck, Tübingen
Anschütz G, Thoma R (Hrsg) (1932) Handbuch des deutschen Staatsrechts, Zweiter Band, Das öffentliche Recht der Gegenwart, Bd 29. Mohr Siebeck, Tübingen
Badura P (2015) Staatsrecht, Systematische Erläuterung des Grundgesetzes für die Bundesrepublik Deutschland, 6. Aufl. C. H. Beck, München
Bermbach U (1970) Gewaltenteilung. In: Röhring H-H, Sontheimer K (Hrsg) Handbuch des deutschen Parlamentarismus. Piper, München, S 179–183
Biefang A (2012) Die andere Seite der Macht. Reichstag und Öffentlichkeit im „System Bismarck" 1871–1890, 2. Aufl. Droste, Düsseldorf
Bilfinger C (1930) § 47. Der Reichsrat – Zuständigkeit und Verfahren. In: Anschütz G, Thoma R (Hrsg) Handbuch des Deutschen Staatsrechts, Bd 28. Mohr Siebeck, Tübingen, S 559–567
Bollmeyer H (2007) Der steinige Weg zur Demokratie. Die Weimarer Nationalversammlung zwischen Kaiserreich und Republik. Campus, Frankfurt am Main
von Bühler O (1929) Die Reichsverfassung vom 11. August 1919. Voller Text mit Erläuterungen, geschichtlicher Einleitung und Gesamtbeurteilung, 3. Aufl. Vieweg & Teubner, Leipzig/Berlin
Dahl HP (1969) Lübeck im Bundesrat 1871–1914. Möglichkeiten und Grenzen einzelstaatlicher Politik im Deutschen Reich. Schmidt-Römhild, Lübeck
Der Spiegel (Hrsg) (2021) Legislaturperiode in Zahlen Mehr Ordnungsrufe, mehr Ermittlungen gegen Abgeordnete – und mehr als 500 neue Gesetze, Spiegel online 25 Jun 2021. https://www.spiegel.de/politik/deutschland/bundestag-die-19-wahlperiode-in-zahlen-a-42784c47-a72b-4e0f-9cd1-62bf140a720d. Zugegriffen am 03.12.2021
Fenske H (1989) Bismarck und die Verfassung des Kaiserreichs. In: Bundeszentrale für politische Bildung (Hrsg) Deutsche Verfassungsgeschichte 1849 – 1919 – 1949. BpB, Bonn, S 61–67
Fenske H (1993) Deutsche Verfassungsgeschichte. Vom Norddeutschen Bund bis heute, 4. Aufl. Colloquium, Berlin
Frank P, Hakenberg W, König C, Streil J, Winkler J, Zwerger A (2012) Model/Creifelds Staatsbürger-Taschenbuch. Alles Wissenswerte über Europa, Staat, Verwaltung, Recht und Wirtschaft mit zahlreichen Schaubildern, 33. Aufl. C. H. Beck, München
Gusy C (2018) 100 Jahre Weimarer Reichsverfassung. Eine gute Verfassung in schlechter Zeit. Mohr Siebeck, Tübingen
Häberle P (2015) Verfassungsgerichtsbarkeit in der offenen Gesellschaft. In: van Ooyen RC, Möllers MHW (Hrsg) Handbuch Bundesverfassungsgericht im politischen System, 2. Aufl. Springer VS, Wiesbaden, S 31–45
Halder W (2011) Innenpolitik im Kaiserreich 1871–1914, 3. Aufl. Wissenschaftliche Buchgesellschaft, Darmstadt

---

[53] Voigt (2015), S. 69; a. A. Häberle (2015), S. 37.

Hattenhauer C (2021) Die Verfassung des Deutschen Reichs vom 16. April 1871. https://www.rechtskarten.de/karten/deutsche-verfassung-1871. Zugegriffen am 03.12.2021

Hennis W (1966) Der Deutsche Bundestag 1949–1965. Leistung und Reformaufgaben. Der Monat 19(215):26–36

Hesse JJ, Ellwein T (2012) Das Regierungssystem der Bundesrepublik Deutschland, 10. Aufl. Nomos, Baden-Baden

von Holtzendorff F (Hrsg) (1871) Jahrbuch für Gesetzgebung, Verwaltung und Rechtspflege des Deutschen Reichs (1871), Erster Jahrgang. Duncker & Humblot, Leipzig, S 87–100

Jacobi E (1929) Reichsverfassungsänderung. In: Schreiber O (Hrsg) Die Reichsgerichtspraxis im deutschen Rechtsleben, Bd 1. de Gruyter, Berlin/Leipzig, S 233–277

Jarass HD, Pieroth B (2020) Grundgesetz für die Bundesrepublik Deutschland, Kommentar, 16. Aufl. C. H. Beck, München

Jellinek G (1909) Regierung und Parlament in Deutschland. Geschichtliche Entwicklung ihres Verhältnisses, Vorträge der Gehe-Stiftung zu Dresden, Bd 1. Teubner, Leipzig/Dresden

Jellinek W (1930) Entstehung und Ausbau der Weimarer Reichsverfassung. In: Anschütz G, Thoma R (Hrsg) Handbuch des Deutschen Staatsrechts, Bd 28. Mohr Siebeck, Tübingen, S 127–138

Loewenstein K (1969) Erscheinungsformen der Verfassungsänderung. Verfassungsdogmatische Untersuchungen zu Art. 76 der Reichsverfassung, Reprint der Ausgabe Mohr Siebeck Tübingen 1931. Scientia, Aalen

Merk W (1930) Aus der Praxis des Staatsrechts: Volksbegehren und Volksentscheid. AöR 19:83–127

Möllers MHW (2012) Staats- und verfassungsrechtliche Aufgaben und Kompetenzen. In: van Ooyen RC, Möllers MHW (Hrsg) Der Bundespräsident im politischen System. Springer VS, Wiesbaden, S 75–98

Nipperdey T (1991) Deutsche Geschichte 1866–1918. Band 2, Machtstaat vor der Demokratie. C. H. Beck, München

Norddeutsche Allgemeine Zeitung (Hrsg) (1894) Die Arbeit des Reichstages in der Session 1893–1894, 20 Apr 1894, 33(183):2

van Ooyen RC, Möllers MHW (Hrsg) (2012) Der Bundespräsident im politischen System. Springer VS, Wiesbaden

Poetzsch-Heffter F (1925) Vom Staatsleben unter der Weimarer Verfassung, Teil I (1 Jan 1920 – 31 Dec 1924). Mohr Siebeck, JöR a.F., 13:1–248

Poetzsch-Heffter F (1929) Vom Staatsleben unter der Weimarer Verfassung, Teil II (1 Jan 1925 – 31 Dec 1928). Mohr Siebeck, JöR a.F., 17:1–141

Ritter GA (Hrsg) (1977) Das Deutsche Kaiserreich 1871–1914. Ein historisches Lesebuch, 3. Aufl. Vandenhoeck & Ruprecht, Göttingen

Schmitt C (2014) Volksentscheid und Volksbegehren. Ein Beitrag zur Auslegung der Weimarer Verfassung und zur Lehre von der unmittelbaren Demokratie, Erstausgabe 1927, Neuausgabe mit Korrekturen und editorischer Nachbemerkung. Duncker & Humblot, Berlin

Schmitt C (2016) Der Hüter der Verfassung. Mit Anhang Hugo Preuß. Sein Staatsbegriff und seine Stellung in der deutschen Staatslehre, Erstausgabe 1931, 5. Aufl. Duncker & Humblot, Berlin

Schuster R (Hrsg) (1992) Deutsche Verfassungen. Mit einer allgemeinen Einführung, besonderen Erläuterungen zu den jeweiligen dokumentierten Texten und einer Abhandlung über „Politische, soziale sowie staats- und völkerrechtliche Probleme bei der Vollendung der Einheit und Freiheit Deutschlands vor dem Hintergrund der internationalen Rahmenbedingungen" (1985), Neuauflage. Wilhelm Goldmann, München

Tormin W (1966) Geschichte des deutschen Parlamentarismus. Verlag für Literatur und Zeitgeschehen, Hannover

Triepel H (1920) Der Weg der Gesetzgebung nach der neuen Reichsverfassung. AöR 39:456–546

Literatur

Voigt R (2015) Das Bundesverfassungsgericht in rechtspolitologischer Sicht. In: van Ooyen RC, Möllers MHW (Hrsg) Handbuch Bundesverfassungsgericht im politischen System, 2. Aufl. Springer VS, Wiesbaden, S 69–98

Weber M (1988) Parlament und Regierung im neugeordneten Deutschland. Zur politischen Kritik des Beamtentums und Parteiwesens. Duncker & Humblot, München/Leipzig 1918. In: Weber, Winckelmann J (Hrsg) Gesammelte Politische Schriften, 5. Aufl. Mohr Siebeck, Tübingen, S 306–443

5 Politische Einflussnahmen auf die Gesetzgebung

5.1 Politische Einflussnahmen auf die Gesetzgebung im Deutschen Kaiserreich

Eine echte *Gewaltenteilung*, die politische Einflussnahmen hätte begrenzen können, fehlte der Reichsverfassung. Zentrales Organ war der Bundesrat, dem nicht nur Gesetzgebungsrechte zustanden, sondern der zugleich nach Art. 7 Nr. 2 RV als wichtige exekutive Aufgabe die Ausführungsbestimmungen zu Reichsgesetzen zu erlassen hatte und dadurch entscheidenden Einfluss auf die administrative Umsetzung nahm.[1] Ferner fielen dem Bundesrat außerdem noch judikative Aufgaben zu: Verfassungsstreitigkeiten und Streitigkeiten zwischen Bundesstaaten sowie Justizverweigerungen, hatte allein der Bundesrat zu regeln (Art. 76, 77 RV). Außerdem hatte er die Macht, mit Zustimmung des Kaisers den Reichstag aufzulösen (Art. 24 Satz 2 RV).[2] Daher stellt sich die Frage, welche Grenzen der Kaiserreichsgesetzgebung gesetzt waren und wie Einflussnahmen durch Interessenverbände und Lobbyisten geregelt wurden.

5.1.1 Grenzen der Kaiserreichsgesetzgebung

Die Gesetzgebung im Deutschen Kaiserreich fand ihre Grenzen nicht in den Grundrechten, da die Reichsverfassung auf einen Grundrechtskatalog verzichtete.[3] Einziges Grundrecht auf Reichsebene war das *Indigenat* nach Art. 3 RV, das bestimmte, dass alle Angehörigen eines jeden Bundesstaats in jedem anderen Bundesstaat als

---

[1] Halder (2011), S. 14.
[2] Vgl. Fenske (1993), S. 21.
[3] Huber (1988), S. 665 f., 758.

Inländer mit gleichen Rechten zu behandeln ist. Nur die Verfassungen der Bundesstaaten im Kaiserreich enthielten Grundrechtskataloge oder prinzipielle Grundrechtsgarantien. Der Verzicht begründet sich vor allem dadurch, dass nicht dem Reich, sondern den Ländern die spezifische „eingreifende Staatsgewalt" vorbehalten war, weil diese nicht nur die eigenen Gesetze, sondern auch die Reichsgesetze auszuführen hatten und nach damaliger Auffassung die Grundrechte nur vor der Exekutive, nicht aber vor der Legislative schützen sollten.[4] Kaum eine Grenze gab es für Verfassungsänderungen, für die einfache Mehrheitsbeschlüsse genügten, sodass Bundesrat und Reichstag die Kompetenz-Kompetenz besaßen,[5] allerdings mit der Maßgabe einer Sperrminorität von 14 Stimmen im Bundesrat, die Preußen mit seinen 17 Stimmen allein aufbringen konnte (Art. 78 Abs. 1 RV).

Es galten an Stelle der Grundrechte als Bindungen für die Reichsgesetzgebung die verbindlichen „Sittlichkeitsgebote" und religiösen „Naturrechte",[6] die von der Staatsrechtslehre, deren dominantester Vertreter *Paul Laband* (1838–1918) war,[7] gestaltet und weiterentwickelt wurden. Die Gesellschaftsstruktur war geprägt von der Dominanz des Adels und des Offizierskorps. Gegen sie lehnte sich das Bürgertum auf, sodass es zu innenpolitischen Konfliktlinien kam. Markiert wurden sie etwa durch Bismarcks Sozialpolitik, den Kulturkampf und die Unterdrückung der Frauen im Kaiserreich. Die Folge waren Massenorganisationen. Die Menschen organisierten sich in politischeParteien und Interessenverbände und entsandten ihre Vertreter in den Reichstag, die dafür sorgen sollten, dass sich die Verhältnisse änderten.[8]

Im Reichstag gab es keine Volksparteien mit einer breiten, sozial und konfessionell gemischten Wählerschaft. Vielmehr grenzten sich die Parteien als politische Lager ideologisch und soziologisch mehr oder weniger strikt voneinander ab. Jede Partei war eng mit bestimmten sozialen Gruppen, Klassen oder sozialmoralischen Milieus[9] verbunden, deren jeweilige Interessen und Ziele sie im politischen Raum vertrat.[10] Aber bei aller Ideologie behielten die im Reichstag vertretenen Parteien überwiegend gesamtdeutsche Interessen,[11] denn alle Fraktionen hatten sich als „Reichsparteien" konstituiert.[12]

Eine Begrenzung der Reichsgesetzgebung bot aber das System der Legislaturperiode des Reichstags im Deutschen Kaiserreich: Art. 24 Satz 1 RV bestimmte, dass die Legislatur des Reichstags drei Jahre dauerte. Diese Zeitspanne wurde durch

---

[4] Huber (1973), S. 164.
[5] Zippelius (1994), S. 117.
[6] Vgl. Möllers (2020), S. 524.
[7] Stolleis (2006), S. 341.
[8] Halder (2011), S. 20 ff.
[9] Lepsius (1966), S. 373 ff.
[10] Heyer (2018), S. 107 ff.
[11] Menger (1988), S. 152, Rn. 305.
[12] Stürmer (1974), S. 41; Huber (1988), S. 778 f.; vgl. insgesamt Gabler (1934).

5.1 Politische Einflussnahmen auf die Gesetzgebung im Deutschen Kaiserreich

Gesetz vom 19. März 1888[13] auf fünf Jahre verlängert.[14] Innerhalb dieser Legislaturperiode konnte der Reichstag durch einen Beschluss des Bundesrats, der aus den Vertretern der Mitglieder des Bundes bestand, aufgelöst werden. Allerdings benötigte der von Preußen dominierte Bundesrat immer die Zustimmung des Kaisers dafür (Art. 24 Satz 2 RV).

Dem Kaiser stand es nach Art. 12 RV zu, den Reichstag zu berufen, zu eröffnen, zu vertagen und zu schließen. Der Reichstag hatte selbst kein Recht, sich eigeninitiativ zu versammeln oder zu vertagen. Eine Selbstauflösung des Reichstags bestand ebenfalls nicht. Zwischen 1871 und 1913 gab es insgesamt dreizehn Reichstage, von denen nur wenige vorzeitig aufgelöst wurden. Tatsächlich wurde der Reichstag nur viermal (1878, 1887, 1893, 1906) aufgelöst[15] und zwar jeweils zur Brechung einer Opposition von links.[16] Die Initiative ging dabei stets vom Reichskanzler aus, der darauf hoffte, dass die ihn unterstützenden Reichstagsparteien Mandate hinzu gewannen. Die Unwägbarkeit eines solchen Zugewinns erklärt die niedrige Zahl der Reichstagsauflösungen. Ein konkreter Grund für die Auflösung brauchte nicht vorzuliegen.[17] Im Falle der Auflösung des Reichstages bestimmte Art. 25 RV, dass innerhalb eines Zeitraumes von 60 Tagen neu gewählt werden musste und innerhalb eines Zeitraumes von 90 Tagen nach der Auflösung sich der neu gewählte Reichstag zu versammeln hatte.

Innerhalb der Legislatur hatte der Kaiser den Reichstag (ebenso wie den Bundesrat) alljährlich zu berufen. Die Zeit von der Berufung bis zur Schließung oder Vertagung des Reichstags bildete die Sitzungsperiode, die sog. Session. Diese dauerten jeweils etwa einen bis fünf Monate. Bis zu fünf Sessionen konnten in einer Legislaturperiode liegen. Es gab insgesamt 13 Legislaturperioden im Deutschen Kaiserreich.

Waren in einer SessionGesetzesvorhaben, Petitionen und andere Parlamentsgeschäfte nicht abgeschlossen, galten diese als erledigt und mussten in der nächsten Session – bis auf wenige Ausnahmen – neu eingebracht werden.[18] Zum Beispiel umfasste nach einer Aufstellung der „Norddeutschen Allgemeinen Zeitung" von 1894 die Session vom 16. November 1893 bis zum 19. April 1894 insgesamt 155 Tage, in denen 86 Plenarsitzungen, 218 Sitzungen der Abteilungen, die innerhalb des Reichstags nach § 2 GOR zur Wahlprüfung (§§ 3–6 GOR) gebildet wurden, und 196 Sitzungen der verschiedenen Kommissionen stattfanden.[19] Quantitativ entwickelte sich die Gesetzgebung in den Legislaturperioden sehr unterschiedlich: In der 1. Legislaturperiode (LP) von 1871 bis 1874 wurden in vier Sessionen insgesamt 101 Gesetze verabschiedet, in der 2. LP von 1874 bis 1877 in ebenfalls vier Sessionen noch 78 Gesetze und in der 7. LP von 1887 bis 1890 in fünf Sessionen 66

---

[13] RGBl. S. 110.
[14] Schuster (1992), S. 145, Fn. 9.
[15] Halder (2011), S. 17 f.; Nipperdey (1991), S. 104 f.
[16] Ritter (1976), S. 16.
[17] Frotscher und Pieroth (2016), S. 215 f., Rn. 436.
[18] Achterberg (1984), S. 28.
[19] Ritter (1977), S. 58.

Gesetze.[20] Eine Vertagung des Reichstags stand dem Kaiser allerdings nur einmal in einer Legislaturperiode zu. Zudem durfte sie ohne Zustimmung des Reichstags eine Frist von 30 Tagen nicht überschreiten (Art. 26 RV).

Neben diesem formalen Instrument der Begrenzung von Gesetzgebung im Reichstag des Kaiserreichs konnte aber bei der Entstehung der ersten Referentenentwürfe die Einflussnahme von Dritten auf die Gesetzgebung erfolgen. Das lässt sich daraus schließen, dass viele Gesetze einzelne Bevölkerungsgruppen oder Wirtschaftszweige bevorzugten. Verantwortlich dafür war der *Lobbyismus*, eine Form der Interessenvertretung in Politik und Gesellschaft, bei der Interessengruppen versuchten, Exekutive und Legislative zu beeinflussen.

5.1.2 Keine gesetzliche Regelung zu Registrierung, Transparenz und Verhaltensvorschriften von Lobbyisten

Die meisten Gesetzentwürfe gingen vom Bundesrat aus und wurden in der Bürokratie entworfen: Anfänglich legte die preußische Verwaltung sie vor, später die Verwaltung der Reichsämter. Es gab im Kaiserreich keine gesetzliche Regelung zu Registrierung, Transparenz und Verhaltensvorschriften von Lobbyisten. Die Ansprechpartner der Interessenvertreter waren in erster Linie Beamte der preußischen Verwaltung und später der Reichsämter, daneben auch Abgeordnete des Reichstags. Wie viele Gesetzesentwürfe des Bundesrats auf die Einwirkung von Verbandsvertretern zurückzuführen waren, ist im Einzelnen nicht festzustellen. Sicher ist nur, dass die preußische politische Führung erheblichen Einfluss nahm.

Seitens des Reichstags gab es solche Einflussnahmen von Interessengruppen, da die Menschen sich ja gerade in politischeParteien und Interessenverbände organisierten und ihre Vertreter in den Reichstag entsandten mit dem Ziel, dass sich die Verhältnisse änderten.[21] Eine gesetzliche Regelung zu Registrierung, Transparenz und Verhaltensvorschriften von Lobbyisten im Reichstag gab es nicht. Die Geschäftsordnung für den Reichstag des Deutschen Reichs (GOR) sah ebenfalls keine Verhaltensvorschriften für Lobbyisten vor.

---

[20] Biefang (2012), S. 58, Tab. 1.
[21] Halder (2011), S. 20 ff.

5.2 Politische Einflussnahmen auf die Gesetzgebung in der Weimarer Republik

Für die politischeEinflussnahme auf die Gesetzgebung ist einerseits entscheidend, ob die Reichsverfassung ihr Grenzen setzte und andererseits, ob es gesetzliche Regelungen zu Registrierung, Transparenz und Verhaltensvorschriften von Lobbyisten gab.

5.2.1 Grenzen der Reichsgesetzgebung

Die Gesetzgebung fand ihre Grenzen nicht in den Grundrechten, da diese nur nach Maßgabe der Gesetze galten und kein unmittelbares, die drei Gewalten bindendes Recht darstellten. Begrenzungen ergaben sich daher nur durch die Länderkammer, den Reichsrat. Soweit die Gesetzesvorlage – wie die meisten – von der Reichsregierung kam, musste sie nach Art. 69 Abs. 1 Satz 1 WRV versuchen, den *Reichsrat* zur Zustimmung zu bewegen. Kam jedoch keine Übereinstimmung zwischen beiden Verfassungsorganen zustande, konnte die Reichsregierung ihre Vorlage dennoch in den Reichstag einbringen, musste aber die abweichende Auffassung des Reichsrats nach Art. 69 Abs. 1 Satz 2 WRV darlegen. Diese Vorlageverpflichtung betraf aber nur die Gesetzentwürfe, die die Reichsregierung selbst initiiert hatte. Sie betrafen nicht die Vorlagen, die vom Reichsrat, Reichswirtschaftsrat, durch Volksbegehren oder durch Volksentscheid eines beteiligten Bevölkerungsteils initiiert wurden. Betrafen die eigenen Gesetzentwürfe der Reichsregierung sozialpolitische und wirtschaftspolitische Inhalte von grundlegender Bedeutung, musste der sachlich zuständige Reichsminister diese Entwürfe nach Art. 165 Abs. 4 Satz 1 WRV in Verbindung mit den §§ 39, 40 der Gemeinsamen Geschäftsordnung der Reichsministerien zunächst oder zeitgleich mit der Vorlage beim Reichsrat dem *Reichswirtschaftsrat* zur Begutachtung vorgelegen. Letzterer war nur provisorisch eingerichtet und wurde am 31. März 1934 aufgelöst. Auch der Reichswirtschaftsrat hatte nach der WRV das Recht, Gesetzesvorlagen mit sozialpolitischen und wirtschaftspolitischen Inhalten von grundlegender Bedeutung zu beantragen, wobei aber die Reichsregierung entschied, ob der Entwurf sozial- oder wirtschaftspolitisch und ob er von grundlegender Bedeutung ist.[22] Stimmte einer Gesetzesvorlage des Reichswirtschaftsrats die Reichsregierung nicht zu, musste sie dennoch die Vorlage unter Darlegung ihres Standpunkts beim Reichstag einbringen (Art. 165 Abs. 4 Satz 2). Der Reichswirtschaftsrat konnte dann sogar die Vorlage durch eines seiner Mitglieder vor dem Reichstag vertreten lassen (Art. 165 Abs. 4 Satz 3), ein Recht, das dem Reichsrat nicht zustand.

---

[22] Anschütz (1960), S. 365.

Dagegen hatten Volksbegehren und Volksentscheide (Art. 73 Abs. 3 WRV) faktisch keine Grenzwirkung bei der Reichsgesetzgebung, weil die Hürden der Antrags- und Beteiligungsquoren zu hoch waren.[23]

Es begann aber bei der Entstehung der ersten Referentenentwürfe die Einflussnahme von Dritten auf die Gesetzgebung, sodass viele Gesetze einzelne Bevölkerungsgruppen oder Wirtschaftszweige bevorzugten. Verantwortlich dafür war der *Lobbyismus*, eine Form der Interessenvertretung in Politik und Gesellschaft, bei der Interessengruppen versuchten, Exekutive und Legislative zu beeinflussen.

5.2.2 *Keine gesetzliche Regelung zu Registrierung, Transparenz und Verhaltensvorschriften von Lobbyisten*

Es gab in der Weimarer Republik keine gesetzliche Regelung zu Registrierung, Transparenz und Verhaltensvorschriften von Lobbyisten. Die Ansprechpartner der Interessenvertreter waren in erster Linie Beamte in den Reichsministerien, daneben auch Abgeordnete des Reichstags. Wie viele ministerielle Gesetzesentwürfe auf die Einwirkung von Verbandsvertretern zurückzuführen waren, ist im Einzelnen nicht festzustellen. Die wichtigsten Vorschriften für den Verkehr mit Verbänden befand sich in der Gemeinsamen Geschäftsordnung der Reichsministerien – Allgemeiner Teil (GGO I) und in der GGO II. Nach § 110 GGO I war den Reichsministerien grundsätzlich nur mit Spitzenverbänden, nicht mit örtlichen Verbänden erlaubt. Vertreter örtlicher Verbände, die nicht von Vertretern der Spitzenverbände begleitet oder angemeldet waren, wurden grundsätzlich nicht empfangen und ohne sachliche Aussprache an ihre Zentrale verwiesen. § 27 GGO II regelte, dass die Vertretungen der Fachkreise bei der Vorbereitung von Gesetzen und wichtigen Verordnungen heranzuziehen waren. Somit war eine rechtzeitige Beteiligung von Fachkreisen, die auf Reichsebene bestanden, vorgesehen. Die konkreten Abläufe wie Zeitpunkt, Umfang und Auswahl der Interessenvertretungen blieben aber grundsätzlich dem Ermessen des federführenden Reichsministeriums überlassen (§ 27 Abs. 1 Satz 2 GGO II). Es kann daher davon ausgegangen werden, dass die Gesetzentwürfe bereits mit den jeweils betroffenen Fachverbänden abgesprochen waren. Voraussetzung war allerdings nach § 27 Abs. 2 GGO II, dass vor der Einigung der beteiligten Reichsministerien nicht mit den Fachkreisen in einer Weise Fühlung genommen wurde, „die eine den Forderungen der Fachkreise unerwünschte Entscheidung in irgendeiner Weise erschwert".

---

[23] Anschütz (1960), ebd.; Anschütz und Thoma (1930), S. 168 ff.; vgl. Gusy (2018), S. 131, Fn. 25.

5.3 Politische Einflussnahmen auf die Gesetzgebung in der Bundesrepublik

Für die politischeEinflussnahme auf die Bundesgesetzgebung ist einerseits entscheidend, ob das Grundgesetz ihr Grenzen setzt und andererseits festzustellen, wieweit die Einflussnahme durch Lobbyisten geht und ob es gesetzliche Regelungen zu Registrierung, Transparenz und Verhaltensvorschriften von Lobbyisten gibt.

5.3.1 Grenzen der Bundesgesetzgebung

Die Gesetzgebung unter dem Bonner Grundgesetz findet ihre Grenzen in den Grundrechten, welche die Gesetzgebung, die vollziehende Gewalt und Rechtsprechung nach Art. 1 Abs. 3 GG als unmittelbar geltendes Recht binden. Darüber hinaus werden die Gesetze schon bei der Entstehung der ersten Referentenentwürfe in den Ministerien beeinflusst. Diese Einflussnahme von Dritten auf die Gesetzgebung bedeutete, dass viele Gesetze einzelne Bevölkerungsgruppen oder Wirtschaftszweige – wie schon unter der WRV – immer noch bevorzugen. Verantwortlich dafür ist der starke *Lobbyismus*, eine Form der Interessenvertretung in Politik und Gesellschaft, bei der Interessengruppen versuchen, Exekutive und Legislative zu beeinflussen.

Außerdem ist der Bund bei der Wahrnehmung einiger Bundesaufgaben von der Mitwirkung der Länder abhängig. Eine solche Mitwirkung der Länder erfolgt bei der gesetzgebenden Gewalt in jedem Fall, allerdings in einem mehr oder weniger eingeschränkten Maße. Die Mitwirkung der Länder erfolgt vor allem durch den Bundesrat. Hier haben die Länder die Gesetzesinitiative nach Art. 76 Abs. 1 GG, da Gesetzesvorlagen u. a. auch vom Bundesrat eingebracht werden können. Die Länder wirken an der Gesetzgebung nach Art. 77, 78 GG mit. Denn jedes Bundesgesetz bedarf der Mitwirkung des Bundesrats. Der Grad der Beteiligung richtet sich danach, ob es sich um Zustimmungs- oder Einspruchsgesetze handelt. Im ersten Fall kann der Bundesrat das Zustandekommen eines Gesetzes letztlich verhindern, im zweiten kann er vom Bundestag überstimmt werden. Die Länder wirken bei Grundgesetzänderungen nach Art. 79 Abs. 2 GG mit. Eine Grundgesetzänderung ist ohne 2/3 Zustimmung des Bundesrats nicht möglich. Dadurch soll eine Verfassungsänderung erschwert sowie u. a. sichergestellt werden, dass gegen den Willen der Länder keine Verschiebung der Kompetenzen zu Gunsten des Bundes durchgesetzt werden kann. Die Länder wirken an der Ausführung von Bundesgesetzen nach Art. 84, 85 GG mit. Zahlreiche Bundesgesetze werden in Ermangelung eines Verwaltungsunterbaus des Bundes von Länderbehörden als „eigene Angelegenheit" ausgeführt oder „im Auftrag" des Bundes. Im ersten Fall steht dem Bund die Rechtsaufsicht, im zweiten die Rechts- und Fachaufsicht zu. Die Länder wirken bei der Wahl der Richter des Bundesverfassungsgerichts nach Art. 94 Abs. 1 Satz 2 GG mit. Die Mitglieder des Bundesverfassungsgerichts werden je zur Hälfte vom Deutschen

Bundestag und vom Bundesrat gewählt. Die Länder haben über den Bundesrat eine Beteiligung am Gemeinsamen Ausschuss nach Art. 53a Abs. 1 Satz 1 GG. Der Gemeinsame Ausschuss besteht zu zwei Dritteln aus Mitgliedern des Bundestags und zu einem Drittel (aus jedem Land 1, also 16) aus – hier – weisungsunabhängigen Mitgliedern des Bundesrats. Die Länder wirken bei der Präsidentenanklage nach Art. 61 Abs. 1 Satz 1 GG mit. Die Anklage des Bundespräsidenten durch den Bundesrat erfolgt vor dem Bundesverfassungsgericht. Die Bundesländer sind an der Feststellung des Verteidigungsfalles nach Art. 115a Abs. 1 Satz 1 GG beteiligt. Die Feststellung, dass das Bundesgebiet angegriffen wird oder ein solcher Angriff unmittelbar droht, kann der Bundestag nur mit Zustimmung des Bundesrats treffen. Außerdem haben die Länder über den Bundesrat die Mitwirkung beim Gesetzgebungsnotstand nach Art. 81 GG. Ferner kommt dem Bundesrat beim inneren Notstand nach Art. 91 Abs. 2 GG eine wesentliche Rolle zu.

Auch außerhalb des Bundesrates haben die LänderMitwirkungsrechte, welche die Bundesgesetzgebung zumindest mittelbar begrenzen können. Das sind zum Beispiel Mitwirkungen bei der Wahl der Bundesversammlung nach Art. 54 GG und im Richterwahlausschuss nach Art. 95 Abs. 2 GG. Schließlich haben die Länder das Recht der Anrufung des Bundesverfassungsgerichts nach Art. 93 Abs. 1 Nr. 2 GG. Eine Landesregierung kann bei Meinungsverschiedenheiten oder Zweifeln über die förmliche und sachliche Vereinbarkeit von Bundesrecht oder Landesrecht mit dem Grundgesetz oder die Vereinbarkeit von Landesrecht mit sonstigem Bundesrecht das Bundesverfassungsgericht anrufen.

Auf der Rechtsgrundlage des ungeschriebenen, aber einklagbaren Verfassungsrechts steht der Grundsatz des bundesfreundlichen Verhaltens, der als *Bundestreue* bezeichnet wird. Das besagt, dass auch die Rechtspflicht zu wechselseitiger Unterstützung und gegenseitiger Rücksichtnahme sowohl zwischen dem Bund und den Ländern, als auch unter den Ländern besteht, wenn eine Grundgesetznorm den Konflikt nicht regelt und andernfalls dem Bund oder einem Land erheblicher Schaden zugefügt würde. Daraus folgt, dass sich aus der Bundestreue zusätzliche, nicht ausdrücklich im Grundgesetz festgelegte Pflichten für Bund und Länder sowie außerdem eine Beschränkung in der Ausübung von Rechten ergeben können, die dem Bund oder den Ländern ausdrücklich im Grundgesetz gewährt sind. Beispiele sind die *Bundesintervention* nach Art. 91 GG und der *Bundeszwang* nach Art. 37 GG als ultima ratio.[24]

Schließlich muss auch der Schutz des Bundesstaatsprinzips als Grenze der Bundesgesetzgebung genannt werden: Nach dem Grundgesetz steht der Bundesstaat unter einem besonderen Schutz. Die Grundsätze der Bundesstaatlichkeit als Verfassungsprinzip können auch durch eine Verfassungsänderung nicht abgeschafft oder wesentlich verändert werden. Dies ergibt sich aus der Ewigkeitsklausel Art. 79 Abs. 3 GG, die ausdrücklich auf den unabänderbaren Schutz der Grundsätze u. a. in Art. 20 Abs. 1 GG hinweist. Unabänderlich sind außerdem zwei Merkmale der Bundesstaatlichkeit: die Gliederung des Bundes in Länder und die grundsätzlich Mitwirkung der Länder an der Gesetzgebung des Bundes. Sie sind über das

---

[24] Erbguth (2021), Art. 37, Rn. 2.

5.3 Politische Einflussnahmen auf die Gesetzgebung in der Bundesrepublik 69

Bundesstaatsprinzip hinaus ausdrücklich in der Ewigkeitsklausel des Art. 79 Abs. 3 GG geschützt.

Neben diesen bundesstaatlichen Grenzen der Bundesgesetzgebung gibt es außerdem materiellrechtlich geduldete Einflussnahmen durch Interessengruppen.

5.3.2 Nur sehr geringe Beschränkung von Lobby-Einfluss und keine gesetzliche Regelung zu Registrierung, Transparenz und Verhaltensvorschriften von Lobbyisten

Die deutschenGesetze sind zur Beschränkung von Lobby-Einfluss im EU-Vergleich weit unterdurchschnittlich streng.[25] Gegen einen Informationsaustausch zwischen rund 4000 bundesweiten Verbänden und in die Hunderte gehenden Unternehmen und Interessengruppen einerseits sowie Politik, Parlament und Verwaltung andererseits ist grundsätzlich nichts einzuwenden, weil Informationsaustausch Grundlage der repräsentativen Demokratie ist.[26] Allerdings muss dieser Austausch offen und transparent sein. „Findet dieser Austausch im Dunklen statt – und dies ist in Deutschland häufig der Fall – entspricht dies nicht demokratischen Anforderungen."[27] Es gibt immer noch keine gesetzliche Regelung zu Registrierung, Transparenz und Verhaltensvorschriften von Lobbyisten. Es ist nicht einmal geklärt, wer als Lobbyist bezeichnet werden kann.[28] Die Ansprechpartner der Interessenvertreter sind in erster Linie Beamte in den Ministerien, daneben auch Abgeordnete des Bundestags. Die Corona-Pandemie etwa hat offenbart, dass sich Abgeordnete der CDU/CSU bereicherten.[29]

Die wichtigsten Vorschriften für den Verkehr mit Verbänden befindet sich in der GGO. Wie viele ministerielle Gesetzesentwürfe auf die Einwirkung von Verbandsvertretern zurückzuführen sind, ist im Einzelnen nicht festzustellen. Aber nach § 47 Abs. 3 GGO ist jedenfalls eine rechtzeitige Beteiligung von Zentral- und Gesamtverbänden sowie von Fachkreisen, die auf Bundesebene bestehen, vorgesehen. Die konkreten Abläufe wie Zeitpunkt, Umfang und Auswahl der Interessenvertretungen bleiben grundsätzlich dem Ermessen des federführenden Bundesministeriums überlassen. Es kann daher davon ausgegangen werden, dass die Gesetzentwürfe bereits mit den jeweils betroffenen Fachverbänden abgesprochen sind. Auch mit der Begründung, die Ministerien seien für die Beschaffung von Unterlagen auf die Interessenverbände angewiesen,[30] lässt sich nicht rechtfertigen, „dass und in welchem

---

[25] Demling (2015); Speth (2014), S. 4.
[26] Schmedes und Kretschmer (2014), S. 312.
[27] Speth (2014), S. 6.
[28] Speth (2014), S. 12.
[29] Vgl. Schneider (2021).
[30] Niederhafner und Speth (2004), S. 23 ff.

Ausmaß die Ministerien den Gesetzgebungsprozess inzwischen nach außen verlagert haben, die entsprechenden Entwürfe von Großkanzleien und Beratungseinrichtungen erarbeiten lassen."[31]

Literatur

Achterberg N (1984) Parlamentsrecht. Mohr Siebeck, Tübingen
Anschütz G (1960) Die Verfassung des Deutschen Reichs vom 11. August 1919. Kommentar, unveränderter fotomechanischer Nachdruck der 14. Aufl., Berlin 1933. Gehlen, Bad Homburg vor der Höhe
Anschütz G, Thoma R (Hrsg) (1930) Handbuch des Deutschen Staatsrechts, Erster Band, Das öffentliche Recht der Gegenwart, Bd 28. Mohr Siebeck, Tübingen
Biefang A (2012) Die andere Seite der Macht. Reichstag und Öffentlichkeit im „System Bismarck" 1871–1890, 2. Aufl. Droste, Düsseldorf
von Blumenthal J, von Winter T (Hrsg) (2014) Interessengruppen und Parlamente. Springer VS, Wiesbaden
Demling A (2015) Lobbyisten in Deutschland. Paradies für Einflüsterer. Spiegel-online 15 Mar 2015. https://www.spiegel.de/wirtschaft/soziales/lobbyismus-transparency-kritisiert-deutschland-a-1028562.html. Zugegriffen am 03.12.2021
Erbguth W (2021) Kommentierung Art. 37 GG. In: Sachs M (Hrsg) Grundgesetz Kommentar, 9. Aufl. C. H. Beck, München
Fenske H (1993) Deutsche Verfassungsgeschichte. Vom Norddeutschen Bund bis heute, 4. Aufl. Colloquium, Berlin
Frotscher W, Pieroth B (2016) Verfassungsgeschichte, 15. Aufl. C. H. Beck, München
Gabler H (1934) Die Entwicklung der deutschen Parteien auf landschaftlicher Grundlage von 1871–1912. Mohr Siebeck, Tübingen
Gusy C (2018) 100 Jahre Weimarer Reichsverfassung. Eine gute Verfassung in schlechter Zeit. Mohr Siebeck, Tübingen
Halder W (2011) Innenpolitik im Kaiserreich 1871–1914, 3. Aufl. Wissenschaftliche Buchgesellschaft, Darmstadt
Hesse JJ, Ellwein T (2012) Das Regierungssystem der Bundesrepublik Deutschland, 10. Aufl. Nomos, Baden-Baden
Heyer A (2018) Die ersten Volksparteien? Ein vergleichender Blick auf das Demokratieverständnis früher Parteiorganisationen im Deutschen Kaiserreich, in Großbritannien und in den Niederlanden (1860–1880). In: Friedrich-Ebert-Stiftung (Hrsg) Archiv für Sozialgeschichte, Bd 58. FES, Bonn, S 107–124
Huber ER (1973) Grundrechte im Bismarckschen Reichssystem. In: Ehmke H, Kaiser JH, Kewenig WA, Meessen KM, Rüfner W (Hrsg) Festschrift für Ulrich Scheuner zum 70. Geburtstag. Duncker & Humblot, Berlin, S 163–181
Huber ER (1988) Deutsche Verfassungsgeschichte seit 1789, Bd. III, Bismarck und das Reich, 3. Aufl. Kohlhammer, Stuttgart/Berlin/Köln/Mainz
Lepsius MR (1966) Parteiensystem und Sozialstruktur. Zum Problem der Demokratisierung der deutschen Gesellschaft. In: Abel W, Borchardt K, Kellenbenz H, Zorn W (Hrsg) Wirtschaft, Geschichte und Wirtschaftsgeschichte. Fischer, Stuttgart, S 371–393
Menger C-F (1988) Deutsche Verfassungsgeschichte der Neuzeit, 6. Aufl. C. F. Müller, Heidelberg
Möllers MHW (2020) Gesetzgebung. In: Voigt R (Hrsg) Aufbruch zur Demokratie. Die Weimarer Reichsverfassung als Bauplan für eine demokratische Republik. Nomos, Baden-Baden, S 523–535

---

[31] Hesse und Ellwein (2012), S. 367.

Literatur

Niederhafner S, Speth R (2004) Die Ministerialbürokratie in Deutschland – Vom Kellner zum Koch? FJ 17(3):20–35

Nipperdey T (1991) Deutsche Geschichte 1866–1918. Band 2, Machtstaat vor der Demokratie. C. H. Beck, München

Ritter GA (1976) Arbeiterbewegung, Parteien und Parlamentarismus. Aufsätze zur deutschen Sozial- Verfassungsgeschichte des 19. und 20. Jahrhunderts. Vandenhoeck & Ruprecht, Göttingen

Ritter GA (Hrsg) (1977) Das Deutsche Kaiserreich 1871–1914. Ein historisches Lesebuch, 3. Aufl. Vandenhoeck & Ruprecht, Göttingen

Sachs M (Hrsg.) (2021) Grundgesetz Kommentar, 9. Aufl., C. H. Beck, München

Schmedes H-J, Kretschmer H (2014) Interessen, Transparenz, Vertrauen – und die Legitimität von Politik. In: von Blumenthal J, von Winter T (Hrsg) Interessengruppen und Parlamente. Springer VS, Wiesbaden, S 311–333

Schneider J (2021) Beschaffung von Schutzausrüstung – Diese Abgeordneten waren involviert. ZDFheute 27 Apr 2021. https://www.zdf.de/nachrichten/politik/corona-maskenaffaere-gutachten-spahn-100.html. Zugegriffen am 03.12.2021

Schuster R (Hrsg) (1992) Deutsche Verfassungen. Mit einer allgemeinen Einführung, besonderen Erläuterungen zu den jeweiligen dokumentierten Texten und einer Abhandlung über „Politische, soziale sowie staats- und völkerrechtliche Probleme bei der Vollendung der Einheit und Freiheit Deutschlands vor dem Hintergrund der internationalen Rahmenbedingungen" (1985), Neuauflage. Wilhelm Goldmann, München

Speth R (2014) Lobbying in Deutschland. Die Koalition gegen Korruption, Transparency International Deutschland e. V. (Hrsg). Fata Morgana, Berlin

Stolleis M (2006) Recht im Unrecht. Studien zur Rechtsgeschichte des Nationalsozialismus, 2. Aufl. Suhrkamp, Frankfurt am Main

Stürmer M (1974) Regierung und Reichstag im Bismarckstaat 1871–1880. Cäsarismus oder Parlamentarismus. Droste, Düsseldorf

Zippelius R (1994) Kleine deutsche Verfassungsgeschichte. Vom frühen Mittelalter bis zur Gegenwart, 3. Aufl. C. H. Beck, München

6 Zusammenfassung der Ergebnisse für die Gesetzgebung und das Gesetzgebungsverfahren

6.1 Ergebnisse für die Gesetzgebung und das Gesetzgebungsverfahren im Deutschen Kaiserreich

Der Reichstag wurde auf drei, ab 1888 auf fünf Jahre gewählt. Der Bundesrat war dagegen ein dauerhaftes Verfassungsorgan. Beide waren die zentralen Verfassungsorgane der gesetzgebenden Gewalt im Deutschen Kaiserreich. Zusammen beschlossen sie vor allem die Gesetzgebung und den Haushalt, übten aber keine Kontrolle über die Reichsregierung aus. Die Gesetzgebung fand ihre Grenzen weder in der Verfassung selbst, noch in den Menschenrechten. Denn die Reichsverfassung enthielt keine Grundrechte, lediglich einzelne waren in einfachen Gesetzen mit untergebracht. Ansonsten galten Grundrechte nur als – unverbindlicher – Katalog in den Verfassungen der Bundesstaaten. Hier galten sie nur nach Maßgabe der Gesetze und stellten kein unmittelbares, die Verfassungsorgane bindendes Recht dar (anders Art. 1 Abs. 3 GG). Die Verfassung konnte durch einfaches Gesetz jederzeit geändert werden, wenn nicht 14 Bundesratsstimmen dagegen waren. Es fehlte zudem ein Verfassungsgericht als „Hüter der Verfassung". Vielmehr wurden Verfassungsstreitigkeiten vom (Mit-)Gesetzgebungsorgan Bundesrat, dem zudem noch wichtige exekutive Aufgaben zukamen, mit erledigt. Der nicht vom Volk gewählte Kaiser konnte über das Präsidium starken Einfluss auf den Bundesrat nehmen und hatte das Recht, gemeinsam mit diesem den Reichstag aufzulösen. Dies übte erheblichen Druck auf den Reichstag aus und hemmte bzw. dirigierte das Gesetzgebungsverfahren. Ebenso erschwerte die Einteilung der Legislaturperioden in Sessionen, deren Anfang und Ende der Kaiser und nicht der Reichstag selbst bestimmte, das Gesetzgebungsverfahren, da Gesetze innerhalb der Session zustande kommen mussten. Dennoch gelang es dem Reichstag vor allem über das Budgetrecht, als vom (männlichen) Volk gewähltes Organ mehr Einfluss zu gewinnen. Der Schwerpunkt der gesetzgebenden

Entscheidungen lag daher zwar beim Reichstag, der Bundesrat verhinderte aber alle Maßnahmen, die zu erheblichen Änderungen der verfassungsrechtlichen und sozialen Gegebenheiten geführt hätten.

6.2 Ergebnisse für die Gesetzgebung und das Gesetzgebungsverfahren in der Weimarer Republik

Der Reichstag wurde auf vier Jahre gewählt. Er war das zentrale Verfassungsorgan der gesetzgebenden Gewalt in der Weimarer Republik. Er beschloss vor allem die Gesetzgebung und den Haushalt und übte die Kontrolle über die Reichsregierung aus. Die Gesetzgebung fand jedoch ihre Grenzen nicht in den Grundrechten, da sie selbst nur nach Maßgabe der Gesetze galten und kein unmittelbares, die drei Gewalten bindendes Recht darstellten (anders Art. 1 Abs. 3 GG). Es fehlte zudem ein Verfassungsgericht als „Hüter der Verfassung". Der vom Volk gewählte Reichspräsident hatte im Verhältnis zum Reichstag in Bezug auf die Gesetzgebung zu starke Rechte: Er konnte nach Art. 73 WRV jedes Gesetz zum Volksentscheid bringen und hatte selbst die Möglichkeit, aufgrund des Notverordnungsrechts nach Art. 48 WRV materielle „Gesetze" zu erlassen. Das führte nach dem Bruch der letzten Großen Koalition im Sommer 1930 dazu, dass die Reichsregierungen nicht mehr auf parlamentarischem Wege, sondern mit Hilfe so genannter Präsidialkabinette gebildet wurden, die ohne eigene parlamentarische Mehrheit unter Ausnutzung des präsidialen Notverordnungsrechts regieren konnten.

6.3 Ergebnisse für die Gesetzgebung und das Gesetzgebungsverfahren in der Bundesrepublik

Weil das Gesetz die parlamentarische Entscheidung der Rechtsordnung ist, übt die Gesetzgebung in Bund und den Ländern rechtsstaatliche Funktionen aus. Anlässe sind unter anderem die Umsetzung politischer Programme oder Änderungen und Ergänzungen bestehender Ordnungen. Ferner dienen Gesetze zur Änderung oder Anpassung vor allem aus Gründen der Gesetzessystematik und zur Erfüllung der Verpflichtung durch andere Einrichtungen oder aus Selbstverpflichtungsgründen. Aus dem Rechtsstaatsprinzip nach Art. 20 Abs. 3 GG ergibt sich, dass dem Gesetz vorbehalten ist, die wesentlichen Entscheidungen zu treffen und es dadurch Vorrang vor allen anderen Rechtsnormen hat.

Für Bundesgesetze ist das Gesetzgebungsverfahren im Grundgesetz festgelegt. Dennoch sind politische Einflussnahmen auf die Gesetzgebung zu konstatieren, die insbesondere aus Mangel an Transparenz der Zusammenarbeit von Exekutive und Legislative mit Lobbyisten dazu führen, dass viele Gesetze einzelne Bevölkerungsgruppen oder Wirtschaftszweige bevorzugen bzw. mangels ausreichender Interessenvertretung benachteiligen.

6.4 Gesamtergebnis

Im Vergleich der Gesetzgebung und der Gesetzgebungsverfahren der letzten 150 Jahre in Deutschland ist unzweifelhaft festzustellen, dass die nach dem Grundgesetz festgelegten Regelungen für die Gesetzgebung ihren Ausgangspunkt bereits im Kaiserreich haben. Das lässt sich schon anhand der formalen (Verfassung und Gesetze) und der materiellen Regelungen (Geschäftsordnungen) festmachen. Auch das System der drei Lesungen in den jeweiligen Parlamenten gibt es seit 1871.

Die praedemokratische Verfassung der konstitutionellen Monarchie lieferte damit den Anfang im NationalstaatDeutschland und legte das Fundament des Bundesstaats. Die erste demokratische Weimarer Reichsverfassung verfolgte bereits eine Verbesserung des politischen Systems, indem sie die Volkssouveränität in den Mittelpunkt stellte und Grundrechte in die Verfassung mit aufnahm, die allerdings für die Gesetzgebung faktisch keinerlei Beschränkungen vorgaben und mit dem Notverordnungsrecht letztlich die anschließende Diktatur ermöglichte. Die übermächtige Stellung der Länderkammer Bundesrat nach der Kaiserreichsverfassung ersetzte die Weimarer Reichsverfassung, indem sie die Stellung der Länderkammer Reichsrat erheblich beschränkte. Erst das Grundgesetz vermochte es 30 Jahre nach der Weimarer Reichsverfassung und fast 80 Jahre nach der Kaiserreichsverfassung, die gravierenden Fehler der Vorgängerverfassungen weitgehend auszumerzen und eine stabile Basis für Demokratie, Rechts- und Sozialstaatlichkeit zu bilden. Mit dem Schutz des Bundesstaatsprinzips schreibt das Grundgesetz nunmehr den föderalen Aufbau der Bundesrepublik Deutschland fest.

Als *Vorteil* des Bundesstaats ist zunächst der Schutz der historisch gewachsenen kulturellen Vielfalt der Länder anzuführen. Er ermöglicht auch den Wettbewerb unter den Ländern bei der Bewältigung der staatlichen Aufgaben, soweit die Strukturen der Bundesländer, die mal bevölkerungsreiche, mal bevölkerungsarme Flächenstaaten und mal unterschiedliche Stadtstaaten sind, dies zulassen.[1] Ein weiterer *Vorteil* ist in der Verstärkung der Demokratie zu sehen: Die Bürgerinnen und Bürger haben die Möglichkeit, nicht nur auf Bundes- und Kommunalebene, sondern auch auf Landesebene zu wählen. Gleichzeitig wird der Rechtsstaat gestärkt: Zur (horizontalen) Gewaltenteilung in Legislative, Exekutive und Judikative tritt eine zusätzliche (vertikale) Gewaltenteilung in Bund und Länder. Dagegen fallen die *Nachteile* des Bundesstaatsprinzips, der hohe Kostenaufwand durch eine Vielzahl von Parlamenten, Regierungen und Verwaltungen, die in jedem Land gleiche Probleme lösen müssen, und der höhere Arbeitsaufwand sowohl auf Landesebene als auch auf Bundesebene, weil dadurch eine zeit-, kosten- und arbeitsintensive Beteiligung der Länder an der Willensbildung des Bundes entsteht, nicht sonderlich ins Gewicht.

---

[1] Schatz et al. (2000).

Literatur

Schatz H, van Ooyen RC, Werthes S (2000) Wettbewerbsföderalismus. Aufstieg und Fall eines politischen Streitbegriffs. Nomos, Baden-Baden

Quellen- und Literaturverzeichnis

Abel W, Borchardt K, Kellenbenz H, Zorn W (Hrsg) (1966) Wirtschaft, Geschichte und Wirtschaftsgeschichte. Festschrift zum 65. Geburtstag von Friedrich Lütge. Fischer, Stuttgart
Achterberg N (1984) Parlamentsrecht. Mohr Siebeck, Tübingen
Andersen U, Woyke W (Hrsg) (2003) Handwörterbuch des politischen Systems der Bundesrepublik Deutschland, 5. Aufl. Leske + Budrich, Oplanden
Anschütz G (1960) Die Verfassung des Deutschen Reichs vom 11. August 1919. Kommentar, unveränderter fotomechanischer Nachdruck der 14. Aufl., Berlin 1933. Gehlen, Bad Homburg vor der Höhe
Anschütz G, Thoma R (Hrsg) (1930) Handbuch des Deutschen Staatsrechts, Erster Band, Das öffentliche Recht der Gegenwart, Bd 28. Mohr Siebeck, Tübingen
Anschütz G, Thoma R (Hrsg) (1932) Handbuch des deutschen Staatsrechts, Zweiter Band, Das öffentliche Recht der Gegenwart, Bd 29. Mohr Siebeck, Tübingen
Aristoteles (2006) Politik (Πολιτικά „Dinge, die die Stadt betreffen". [4. Jh. v.Chr.]), übers. und Hrsg von Olof Gigon, 10. Aufl. dtv, München
Augsberg S (2014) Das verfassungsändernde Gesetz. In: W Kluth, G Krings (Hrsg) Gesetzgebung, Rechtsetzung durch Parlamente und Verwaltungen sowie ihre gerichtliche Kontrolle. C. F. Müller, Heidelberg, § 28, S 729–752
Badura P (2015) Staatsrecht, Systematische Erläuterung des Grundgesetzes für die Bundesrepublik Deutschland, 6. Aufl. C. H. Beck, München
Berliner Juristische Fakultät (Hrsg) (1981) Festgabe der Berliner Juristischen Fakultät für Wilhelm Kahl zum Doktorjubiläum am 19. April 1923, Tübingen 1923. Neudruck Scientia, Aalen
Bermbach U (1970) Gewaltenteilung. In: Röhring HH, Sontheimer K (Hrsg) Handbuch des deutschen Parlamentarismus. Piper, München, S 179–183
Biefang A (2012) Die andere Seite der Macht. Reichstag und Öffentlichkeit im „System Bismarck" 1871–1890, 2. Aufl. Droste, Düsseldorf
Bilfinger C (1930a) § 46. Der Reichsrat – Bedeutung und Zusammensetzung. In: Anschütz G, Thoma R (Hrsg) Handbuch des Deutschen Staatsrechts, Bd 28. Mohr Siebeck, Tübingen, S 545–559
Bilfinger C (1930b) § 47. Der Reichsrat – Zuständigkeit und Verfahren. In: Anschütz G, Thoma R (Hrsg) Handbuch des Deutschen Staatsrechts, Bd 28. Mohr Siebeck, Tübingen, S 559–567
von Blumenthal J, von Winter T (Hrsg) (2014) Interessengruppen und Parlamente. Springer VS, Wiesbaden
Boldt H (1993) Deutsche Verfassungsgeschichte, Bd 2: Von 1806 bis zur Gegenwart, 2. Aufl. dtv, München

Bollmeyer H (2007) Der steinige Weg zur Demokratie. Die Weimarer Nationalversammlung zwischen Kaiserreich und Republik. Campus, Frankfurt am Main

Braune A, Dreyer M (Hrsg) (2017) Republikanischer Alltag. Die Weimarer Demokratie und die Suche nach Normalität. Franz Steiner, Stuttgart

Brodocz A, Schaal GS (Hrsg) (2015) Politische Theorien der Gegenwart I, 4. Aufl. Barbara Budrich, Opladen/Toronto

von Bühler O (1929) Die Reichsverfassung vom 11. August 1919. Voller Text mit Erläuterungen, geschichtlicher Einleitung und Gesamtbeurteilung, 3. Aufl. Vieweg & Teubner, Leipzig/Berlin

Bundeszentrale für politische Bildung (Hrsg) (1989) Deutsche Verfassungsgeschichte 1849 – 1919 – 1949. BpB, Bonn

Burkhardt A, Pape K (Hrsg) (2000) Sprache des deutschen Parlamentarismus. Studien zu 150 Jahren parlamentarischer Kommunikation. Springer VS, Wiesbaden

Butzer H (1999) Diäten und Freifahrt im Deutschen Reichstag. Der Weg zum Entschädigungsgesetz von 1906 und die Nachwirkung dieser Regelung bis in die Zeit des Grundgesetzes. Droste, Düsseldorf

von Caemmerer E, Friesenhahn E, Lange R (Hrsg) (1960) Hundert Jahre Deutsches Rechtsleben. Festschrift im Auftrag der ständigen Deputation des DJT zum hundertjährigen Bestehen des Deutschen Juristentages 1860–1960, Bd 2. C. F. Müller, Karlsruhe

Cicero MT (1987) Der Staat/De re publica (54 BC), lat.-dt. Ausgabe, herausgegeben und übersetzt von Karl Büchner, 4. Aufl. Reclam, München/Zürich

Craig GA (2006) Deutsche Geschichte 1866–1945. Vom Norddeutschen Bund bis zum Ende des Dritten Reiches, 3. Aufl. C. H. Beck, München

Dahl HP (1969) Lübeck im Bundesrat 1871–1914. Möglichkeiten und Grenzen einzelstaatlicher Politik im Deutschen Reich. Schmidt-Römhild, Lübeck

Degenhart C (2021) Art. 72 GG. In: Sachs M (Hrsg) Grundgesetz Kommentar, 9. Aufl. C. H. Beck, München

Demling A (2015) Lobbyisten in Deutschland. Paradies für Einflüsterer. Spiegel-online 15 Mar 2015. https://www.spiegel.de/wirtschaft/soziales/lobbyismus-transparency-kritisiert-deutschland-a-1028562.html. Zugegriffen am 03.12.2021

Der Spiegel (Hrsg) (2021) Legislaturperiode in Zahlen Mehr Ordnungsrufe, mehr Ermittlungen gegen Abgeordnete – und mehr als 500 neue Gesetze, Spiegel online 25 Jun 2021. https://www.spiegel.de/politik/deutschland/bundestag-die-19-wahlperiode-in-zahlen-a-42784c47-a72b-4e0f-9cd1-62bf140a720d. Zugegriffen am 03.12.2021

Deutscher Bundestag (Hrsg) (2021) Deutscher Parlamentarismus Kaiserreich (1871–1918), Berlin. https://www.bundestag.de/parlament/geschichte/parlamentarismus/kaiserreich. Zugegriffen am 03.12.2021

Di Fabio U (2018) Die Weimarer Verfassung. Aufbruch und Scheitern. Eine verfassungshistorische Analyse. C. H. Beck, München

Dreier H, Waldhoff C (Hrsg) (2018) Das Wagnis der Demokratie. Eine Anatomie der Weimarer Reichsverfassung. C. H. Beck, München

Echternkamp J (2015) Staat, Volk und Militär in Ernst Rudolf Hubers verfassungsgeschichtlichem Beitrag zur Mobilisierung der NS-Volksgemeinschaft. Vom Primat der Wehrverfassung zur „völkischen Wehrgemeinschaft". In: Grothe E (Hrsg) Ernst Rudolf Huber. Staat – Verfassung – Geschichte. Nomos, Baden-Baden, S 229–260

Ehmke H, Kaiser JH, Kewenig WA, Meessen KM, Rüfner W (Hrsg) (1973) Festschrift für Ulrich Scheuner zum 70. Geburtstag. Duncker & Humblot, Berlin

Engehausen F, Jankrift KP, Erbe M, Leonhard J, Metzler G, Schiersner D, Schildt A, Thamer H-U, Mühlhausen W (2015) Meilensteine der deutschen Geschichte. Von der Antike bis heute. BpB, Bonn

Engelmann B (1979) Preußen. Land der unbegrenzten Möglichkeiten. Büchergilde Gutenberg, München

Erbguth W (2021) Art. 37 GG. In: Sachs M (Hrsg) Grundgesetz Kommentar, 9. Aufl. C. H. Beck, München

Quellen- und Literaturverzeichnis

Fenske H (1989) Bismarck und die Verfassung des Kaiserreichs. In: Bundeszentrale für politische Bildung (Hrsg) Deutsche Verfassungsgeschichte 1849 – 1919 – 1949. BpB, Bonn, S 61–67
Fenske H (1993) Deutsche Verfassungsgeschichte. Vom Norddeutschen Bund bis heute, 4. Aufl. Colloquium, Berlin
Fraenkel E (1968) Deutschland und die westlichen Demokratien, 4. Aufl. Kohlhammer, Stuttgart/Berlin/Köln/Mainz
Frank P, Hakenberg W, König C, Streil J, Winkler J, Zwerger A (2012) Model/Creifelds Staatsbürger-Taschenbuch. Alles Wissenswerte über Europa, Staat, Verwaltung, Recht und Wirtschaft mit zahlreichen Schaubildern, 33. Aufl. C. H. Beck, München
Friedrich-Ebert-Stiftung (Hrsg) (2018) Archiv für Sozialgeschichte, Bd 58. FES, Bonn
Frotscher W, Pieroth B (2016) Verfassungsgeschichte, 15. Aufl. C. H. Beck, München
Gabler H (1934) Die Entwicklung der deutschen Parteien auf landschaftlicher Grundlage von 1871–1912. Mohr Siebeck, Tübingen
Graf von Krockow C (1992) Die Deutschen in ihrem Jahrhundert 1890–1990. Rowohlt, Reinbek bei Hamburg
Graf zu Dohna A (1923) Die Revolution als Rechtsbruch und Rechtsschöpfung. Rede zur Feier des Gedächtnisses an die Aufrichtung des Deutschen Reiches, gehalten am 18. Januar 1923 in der Aula der Ruprecht-Carls-Universität. C. Winter, Heidelberg
Grothe E (2005) Zwischen Geschichte und Recht. Deutsche Verfassungsgeschichtsschreibung 1900–1970. de Gruyter Oldenbourg, München
Grothe E (Hrsg) (2015) Ernst Rudolf Huber. Staat – Verfassung – Geschichte. Nomos, Baden-Baden
Günther F (2015) Vom „Rising Star" zum Sündenbock. Ernst Rudolf Huber und die deutsche Staatsrechtslehre. In: Grothe E (Hrsg) Ernst Rudolf Huber. Staat – Verfassung – Geschichte. Nomos, Baden-Baden, S 101–118
Gusy C (2018) 100 Jahre Weimarer Reichsverfassung. Eine gute Verfassung in schlechter Zeit. Mohr Siebeck, Tübingen
Häberle P (2015) Verfassungsgerichtsbarkeit in der offenen Gesellschaft. In: van Ooyen RC, Möllers MHW (Hrsg) Handbuch Bundesverfassungsgericht im politischen System, 2. Aufl. Springer VS, Wiesbaden, S 31–45
Häberle P, Kotzur M (2016) Europäische Verfassungslehre, 8. Aufl. Nomos, Baden-Baden
Halder W (2011) Innenpolitik im Kaiserreich 1871–1914, 3. Aufl. Wissenschaftliche Buchgesellschaft, Darmstadt
Hattenhauer C (2021) Die Verfassung des Deutschen Reichs vom 16. April 1871. https://www.rechtskarten.de/karten/deutsche-verfassung-1871. Zugegriffen am 03.12.2021
Hennis W (1966) Der Deutsche Bundestag 1949–1965. Leistung und Reformaufgaben. Der Monat 19(215):26–36
Hesse JJ, Ellwein T (2012) Das Regierungssystem der Bundesrepublik Deutschland, 10. Aufl. Nomos, Baden-Baden
Heyer A (2018) Die ersten Volksparteien? Ein vergleichender Blick auf das Demokratieverständnis früher Parteiorganisationen im Deutschen Kaiserreich, in Großbritannien und in den Niederlanden (1860–1880). In: Friedrich-Ebert-Stiftung (Hrsg) Archiv für Sozialgeschichte, Bd 58. FES, Bonn, S 107–124
Hildebrandt H (Hrsg) (1992) Die deutschen Verfassungen des 19. und 20. Jahrhunderts, 14. Aufl. Schöningh, Paderborn
von Holtzendorff F (Hrsg) (1871) Jahrbuch für Gesetzgebung, Verwaltung und Rechtspflege des Deutschen Reichs (1871), Erster Jahrgang. Duncker & Humblot, Leipzig, S 87–100
Huber ER (1973) Grundrechte im Bismarckschen Reichssystem. In: Ehmke H, Kaiser JH, Kewenig WA, Meessen KM, Rüfner W (Hrsg) Festschrift für Ulrich Scheuner zum 70. Geburtstag. Duncker & Humblot, Berlin, S 163–181
Huber ER (1988) Deutsche Verfassungsgeschichte seit 1789, Bd III, Bismarck und das Reich, 3. Aufl. Kohlhammer, Stuttgart/Berlin/Köln/Mainz
Huber PM, Voßkuhle A (Hrsg) (2018) MKS: Grundgesetz, Kommentar in 3 Bänden, 7. Aufl. C. H. Beck, München

Hugendick D, Stock U (2014) Alles gut geregelt. Zeit-online 8 May 2014. https://www.zeit.de/2014/20/regeln-buerokratie-erleichterung. Zugegriffen am 03.12.2021

Isensee J, Kirchhof P (Hrsg) (2007) Handbuch des Staatsrechts, Band V, Rechtsquellen, Organisation, Finanzen, 3. Aufl. C. F. Müller, Heidelberg

Jacobi E (1929) Reichsverfassungsänderung. In: Schreiber O (Hrsg) Die Reichsgerichtspraxis im deutschen Rechtsleben, Bd 1. de Gruyter, Berlin/Leipzig, S 233–277

Jarass HD, Pieroth B (2020) Grundgesetz für die Bundesrepublik Deutschland, Kommentar, 16. Aufl. C. H. Beck, München

Jellinek G (1909) Regierung und Parlament in Deutschland. Geschichtliche Entwicklung ihres Verhältnisses, Vorträge der Gehe-Stiftung zu Dresden, Bd 1. Teubner, Leipzig/Dresden

Jellinek W (1927) Verfassung und Verwaltung des Reichs und der Länder, 3. Aufl. Duncker & Humblot, Leipzig/Berlin

Jellinek W (1930) Entstehung und Ausbau der Weimarer Reichsverfassung. In: Anschütz G, Thoma R (Hrsg) Handbuch des Deutschen Staatsrechts, Bd 28. Mohr Siebeck, Tübingen, S 127–138

Kant I (2001) Kritik der praktischen Vernunft. Grundlegung zur Metaphysik der Sitten (Hrsg Wilhelm Weischedel), 22. Aufl. Suhrkamp, Frankfurt am Main

Karpen U (2016) Rechtsetzungslehre. JuS 56(6):577–584

Kaser M (1986) Römische Rechtsquellen und angewandte Juristenmethode. Ausgewählte, zum Teil grundlegend erneuerte Abhandlungen. Böhlau, Wien/Köln/Graz

Kastner M (2018) Richterrecht. In: Möllers MHW (Hrsg) Wörterbuch der Polizei, 3. Aufl. C. H. Beck, München, S 1885–1886

Kirchhof G (2009) Die Allgemeinheit des Gesetzes. Über einen notwendigen Garanten der Freiheit, der Gleichheit und der Demokratie. Mohr Siebeck, Tübingen

Kluth W, Krings G (Hrsg) (2014) Gesetzgebung. Rechtsetzung durch Parlamente und Verwaltungen sowie ihre gerichtliche Kontrolle. C. F. Müller, Heidelberg

Korioth S (2015) Die Rechtsprechung des Bundesverfassungsgerichts zum Bundesstaat. In: van Ooyen RC, Möllers MHW (Hrsg) Handbuch Bundesverfassungsgericht im politischen System, 2. Aufl. Springer VS, Wiesbaden, S 693–712

Kotulla M (2006) Deutsches Verfassungsrecht 1806–1918. Eine Dokumentensammlung nebst Einführungen, Gesamtdeutschland, Anhaltische Staaten und Baden, Bd 1. Springer, Berlin

Kühne J-D (2018) Die Entstehung der Weimarer Reichsverfassung. Grundlagen und anfängliche Geltung. Droste, Düsseldorf

Laband P (1876) Das Staatsrecht des Deutschen Reichs, Bd 1. Verlag Lauppsche Buchhandlung, Tübingen

Laband P (1907) Die geschichtliche Entwicklung der Reichsverfassung seit der Reichsgründung. Jahrb öffentl Rechts Ggw 1:1–46

Laband P, Wach A, Wagner A, Jellinek G, Lamprecht K, von Liszt F, von Schanz G, Berolzheimer F (Hrsg) (1914) Handbuch der Politik, Bd 1, 2. Aufl. Rothschild, Berlin/Leipzig

Lassar G (1930) § 27. Die verfassungsrechtliche Ordnung der Zuständigkeiten. In: Anschütz G, Thoma R (Hrsg) Handbuch des Deutschen Staatsrechts, Bd 28. Mohr Siebeck, Tübingen, S 301–314

Lepsius MR (1966) Parteiensystem und Sozialstruktur. Zum Problem der Demokratisierung der deutschen Gesellschaft. In: Abel W, Borchardt K, Kellenbenz H, Zorn W (Hrsg) Wirtschaft, Geschichte und Wirtschaftsgeschichte. Fischer, Stuttgart, S 371–393

Llanque M (2015) Die politische Theorie der Integration: Rudolf Smend. In: Brodocz A, Schaal GS (Hrsg) Politische Theorien der Gegenwart I, 4. Aufl. Barbara Budrich, Opladen/Toronto, S 323–350

Loewenstein K (1969) Erscheinungsformen der Verfassungsänderung. Verfassungsdogmatische Untersuchungen zu Art. 76 der Reichsverfassung, Reprint der Ausgabe Mohr Siebeck Tübingen 1931. Scientia, Aalen

Meier C (2001) Die parlamentarische Demokratie. dtv, München

Menger C-F (1988) Deutsche Verfassungsgeschichte der Neuzeit, 6. Aufl. C. F. Müller, Heidelberg

Quellen- und Literaturverzeichnis

Merk W (1930) Aus der Praxis des Staatsrechts: Volksbegehren und Volksentscheid. AöR 19:83–127
Milatz A (1974) Reichstagswahlen und Mandatsverteilung 1871 bis 1918. Ein Beitrag zu Problemen des absoluten Mehrheitswahlrechts. In: Ritter GA (Hrsg) Gesellschaft, Parlament und Regierung. Droste, Düsseldorf, S 207–223
Möllers MHW (2012) Staats- und verfassungsrechtliche Aufgaben und Kompetenzen. In: van Ooyen RC, Möllers MHW (Hrsg) Der Bundespräsident im politischen System. Springer VS, Wiesbaden, S 75–98
Möllers MHW (Hrsg) (2018a) Wörterbuch der Polizei, 3. Aufl. C. H. Beck, München
Möllers MHW (2018b) Gesetzgebung. In: Voigt R (Hrsg) Handbuch Staat, Bd 2. Springer VS, Wiesbaden, S 1007–1018
Möllers MHW (2018c) Vorbehalt des Gesetzes. In: Möllers MHW (Hrsg) Wörterbuch der Polizei, 3. Aufl. C. H. Beck, München, S 2539–2540
Möllers MHW (2018d) Vorrang des Gesetzes. In: Möllers MHW (Hrsg) Wörterbuch der Polizei, 3. Aufl. C. H. Beck, München, S 2548–2549
Möllers MHW (2020) Gesetzgebung. In: Voigt R (Hrsg) Aufbruch zur Demokratie. Die Weimarer Reichsverfassung als Bauplan für eine demokratische Republik. Nomos, Baden-Baden, S 523–535
Müller-Meiningen E (1926) Parlamentarismus. Betrachtungen, Lehren und Erinnerungen aus deutschen Parlamenten. de Gruyter, Berlin/Leipzig
Niederhafner S, Speth R (2004) Die Ministerialbürokratie in Deutschland – Vom Kellner zum Koch? FJ 17(3):20–35
Nipperdey T (1991) Deutsche Geschichte 1866–1918. Band 2, Machtstaat vor der Demokratie. C. H. Beck, München
Norddeutsche Allgemeine Zeitung (Hrsg) (1894). Die Arbeit des Reichstages in der Session 1893–1894, 20 Apr 1894, 33(183):2
van Ooyen RC (2015) „Volksdemokratie" und nationalliberaler Etatismus. Das Bundesverfassungsgericht aus Sicht der politischen Theorie am Beispiel von Richter-Vorverständnissen (Böckenförde und Kirchhof). In: van Ooyen RC, Möllers MHW (Hrsg) Handbuch Bundesverfassungsgericht im politischen System, 2. Aufl. Springer VS, Wiesbaden, S 95–118
van Ooyen RC, Möllers MHW (Hrsg) (2012) Der Bundespräsident im politischen System. Springer VS, Wiesbaden
van Ooyen RC, Möllers MHW (Hrsg) (2015) Handbuch Bundesverfassungsgericht im politischen System, 2. Aufl. Springer VS, Wiesbaden
Ossenbühl F (2007) Rechtsetzen. In: Isensee J, Kirchhof P (Hrsg) Handbuch des Staatsrechts, Bd V, 3. Aufl. C. F. Müller, Heidelberg, §§ 100–105, S 135–386
Ostermann T (2009) Die verfassungsrechtliche Stellung des Deutschen Kaisers nach der Reichsgründung von 1871. Peter Lang, Frankfurt am Main
Platt M (2017) Deutschland 1918/19. Die unerklärte Revolution. In: Braune A, Dreyer M (Hrsg) Republikanischer Alltag, Bd 2. Franz Steiner, Stuttgart, S 3–18
Poetzsch-Heffter F (1925) Vom Staatsleben unter der Weimarer Verfassung, Teil I (1 Jan 1920 – 31 Dec 1924). Mohr Siebeck, JöR a.F., 13:1–248
Poetzsch-Heffter F (1929) Vom Staatsleben unter der Weimarer Verfassung, Teil II (1 Jan 1925 – 31 Dec 1928). Mohr Siebeck, JöR a.F., 17:1–141
Pollmann KE (2000) Parlamentarische Kultur im deutschen Kaiserreich 1867/71 – 1918. In: Burkhardt A, Pape K (Hrsg) Sprache des deutschen Parlamentarismus. Springer VS, Wiesbaden, S 101–110
Rauh M (1977) Die Parlamentarisierung des Deutschen Reiches. Droste, Düsseldorf
Reichsministerium des Innern (Hrsg) (1924) Gemeinsame Geschäftsordnung der Reichsministerien. Besonderer Teil (GGO II), Bundesarchiv R 2/50433, Bl. 3–19v, Berlin
Reichsministerium des Innern (Hrsg) (1926) Gemeinsame Geschäftsordnung der Reichsministerien. Allgemeiner Teil (GGO I), Bundesarchiv R 2/50433, Bl. 30–85, Berlin
Reichstag (Hrsg) (1922) Geschäftsordnung für den Reichstag vom 12. Dezember 1922, Berlin. In: Bayerische Staatsbibliothek, Version 2.1.16 – HHI V 3.0 [11.03.2019] 0.85/0.55. https://bild-

suche.digitale-sammlungen.de/index.html?c=viewer&bandnummer=bsb00000003&pimage=72&suchbegriff=&l=de. Zugegriffen am 03.12.2021

Ritter GA (Hrsg) (1974) Gesellschaft, Parlament und Regierung. Zur Geschichte des Parlamentarismus in Deutschland, im Auftrag der Kommission für Geschichte des Parlamentarismus und der politischen Parteien in Bonn-Bad Godesberg. Droste, Düsseldorf

Ritter GA (1976) Arbeiterbewegung, Parteien und Parlamentarismus. Aufsätze zur deutschen Sozial- Verfassungsgeschichte des 19. und 20. Jahrhunderts. Vandenhoeck & Ruprecht, Göttingen

Ritter GA (Hrsg) (1977) Das Deutsche Kaiserreich 1871–1914. Ein historisches Lesebuch, 3. Aufl. Vandenhoeck & Ruprecht, Göttingen

Röhring H-H, Sontheimer K (Hrsg) (1970) Handbuch des deutschen Parlamentarismus, Das Regierungssystem der Bundesrepublik in 270 Stichworten. Piper, München

Rozek J (2014) Verfassungsrevision. In: Isensee J, Kirchhof P (Hrsg) Handbuch des Staatsrechts, Bd XII, 3. Aufl. C. F. Müller, Heidelberg, § 257, S 107–130

Rüthers B (1994) Entartetes Recht. Rechtslehren und Kronjuristen im Dritten Reich. dtv, München

Sachs M (Hrsg) (2021) Grundgesetz Kommentar, 9. Aufl. C. H. Beck, München

Sachs M (2021) Art. 20 GG. In: Sachs M (Hrsg) Grundgesetz Kommentar, 9. Aufl. C. H. Beck, München

Sannwald R (2003) Parlamentarisches Verfahren. In: Andersen U, Woyke W (Hrsg) Handwörterbuch des politischen Systems der Bundesrepublik Deutschland, 5. Aufl. Leske + Budrich, Opladen, S 459–462

Schatz H, van Ooyen RC, Werthes S (2000) Wettbewerbsföderalismus. Aufstieg und Fall eines politischen Streitbegriffs. Nomos, Baden-Baden

Scheuermann R (1972) Einflüsse der Historischen Rechtsschule auf die oberstrichterliche gemeinrechtliche Zivilrechtspraxis bis zum Jahre 1861. de Gruyter, Berlin/New York

Scheuner U (1934) Die nationale Revolution. Eine staatsrechtliche Untersuchung AöR 63(2):166–220; Fortsetzung AöR 63(3):261–344

Scheuner U (1960) Die neuere Entwicklung des Rechtsstaats in Deutschland. In: von Caemmerer E, Friesenhahn E, Lange R (Hrsg) Hundert Jahre Deutsches Rechtsleben, Bd 2. C. F. Müller, Karlsruhe, S 229–262

Schmedes H-J, Kretschmer H (2014) Interessen, Transparenz, Vertrauen – und die Legitimität von Politik. In: von Blumenthal J, von Winter T (Hrsg) Interessengruppen und Parlamente. Springer VS, Wiesbaden, S 311–333

Schmitt C (1996) Die geistesgeschichtliche Lage des heutigen Parlamentarismus, 8. Aufl. Duncker & Humblot, Berlin

Schmitt C (2014) Volksentscheid und Volksbegehren. Ein Beitrag zur Auslegung der Weimarer Verfassung und zur Lehre von der unmittelbaren Demokratie, Erstausgabe 1927, Neuausgabe mit Korrekturen und editorischer Nachbemerkung. Duncker & Humblot, Berlin

Schmitt C (2016) Der Hüter der Verfassung. Mit Anhang Hugo Preuß. Sein Staatsbegriff und seine Stellung in der deutschen Staatslehre, Erstausgabe 1931, 5. Aufl. Duncker & Humblot, Berlin

Schneider J (2021) Beschaffung von Schutzausrüstung – Diese Abgeordneten waren involviert. ZDFheute 27 Apr 2021. https://www.zdf.de/nachrichten/politik/corona-maskenaffaere-gutachten-spahn-100.html. Zugegriffen am 03.12.2021

Schoen P (1914) Die Verordnungen. In: Laband P et al (Hrsg) Handbuch der Politik, Bd 1, 2. Aufl. Rothschild, Berlin/Leipzig, S 301–312

Schreiber O (Hrsg) (1929) Die Reichsgerichtspraxis im deutschen Rechtsleben. Festgabe der juristischen Fakultäten zum 50jährigen Bestehen des Reichsgerichts (1 Oct 1929) in 6 Bänden. de Gruyter, Berlin/Leipzig

Schröder UJ (2007) Kriterien und Grenzen der Gesetzgebungskompetenz kraft Sachzusammenhangs nach dem Grundgesetz. Duncker & Humblot, Berlin

Schubert K, Klein M (2016) Das Politiklexikon. Begriffe – Fakten – Zusammenhänge, 6. Aufl. Bundeszentrale für politische Bildung, Bonn

Schuster R (Hrsg) (1992) Deutsche Verfassungen. Mit einer allgemeinen Einführung, besonderen Erläuterungen zu den jeweiligen dokumentierten Texten und einer Abhandlung über „Politische, soziale sowie staats- und völkerrechtliche Probleme bei der Vollendung der Einheit und

Freiheit Deutschlands vor dem Hintergrund der internationalen Rahmenbedingungen" (1985), Neuauflage. Wilhelm Goldmann, München

Schwalb M (1919) Das Gesetzgebungsrecht der revolutionären Reichsregierung. DJZ 24(7–8):co 281–co 286

Schwengelbeck M (2007) Die Politik des Zeremoniells. Huldigungsfeiern im langen 19. Jahrhundert. Campus, Frankfurt am Main

Smend R (2010) Staatsrechtliche Abhandlungen und andere Aufsätze, 4. Aufl. Duncker & Humblot, Berlin

Speth R (2014) Lobbying in Deutschland. Die Koalition gegen Korruption, Transparency International Deutschland e. V. (Hrsg). Fata Morgana, Berlin

Stolleis M (1992) Geschichte des öffentlichen Rechts in Deutschland, Bd 2. C. H. Beck, München

Stolleis M (2002) Geschichte des öffentlichen Rechts in Deutschland, Bd 3. C. H. Beck, München

Stolleis M (2006) Recht im Unrecht. Studien zur Rechtsgeschichte des Nationalsozialismus, 2. Aufl. Suhrkamp, Frankfurt am Main

Stürmer M (1974) Regierung und Reichstag im Bismarckstaat 1871–1880. Cäsarismus oder Parlamentarismus. Droste, Düsseldorf

Stürmer M (1983) Das ruhelose Reich. Deutschland 1866–1918. Siedler, Gütersloh

Stürmer M (1984) Die Reichsgründung. Deutscher Nationalstaat und europäisches Gleichgewicht im Zeitalter Bismarcks. dtv, München

Tenfelde K (1981) Sozialgeschichte der Bergarbeiterschaft an der Ruhr im 19. Jahrhundert, 2. Aufl. Verlag Neue Gesellschaft, Bonn

Tormin W (1966) Geschichte des deutschen Parlamentarismus. Verlag für Literatur und Zeitgeschehen, Hannover

Triepel H (1920) Der Weg der Gesetzgebung nach der neuen Reichsverfassung. AöR 39:456–546

Triepel H (1981) Streitigkeiten zwischen Reich und Ländern. Beiträge zur Auslegung des Artikels 19 der Weimarer Reichsverfassung. In: Berliner Juristische Fakultät (Hrsg) Festgabe der Berliner Juristischen Fakultät für Wilhelm Kahl zum Doktorjubiläum am 19. April 1923, Tübingen 1923, Neudruck. Scientia, Aalen, S 51–118

Unruh P (2018) Art. 140 GG. In: Huber PM, Voßkuhle A (Hrsg) MKS: Grundgesetz Kommentar, Bd 3, 7. Aufl. C. H. Beck, München. Rn. 1–88

Voigt R (2015) Das Bundesverfassungsgericht in rechtspolitologischer Sicht. In: van Ooyen RC, Möllers MHW (Hrsg) Handbuch Bundesverfassungsgericht im politischen System, 2. Aufl. Springer VS, Wiesbaden, S 69–98

Voigt R (Hrsg) (2018) Handbuch Staat, Bd 2. Springer VS, Wiesbaden

Voigt R (Hrsg) (2020) Aufbruch zur Demokratie. Die Weimarer Reichsverfassung als Bauplan für eine demokratische Republik. Nomos, Baden-Baden

Weber M (1988) Parlament und Regierung im neugeordneten Deutschland. Zur politischen Kritik des Beamtentums und Parteiwesens. Duncker & Humblot, München/Leipzig 1918. In: Weber, Winckelmann J (Hrsg) Gesammelte Politische Schriften, 5 Aufl. Mohr Siebeck, Tübingen, S 306–443

Wehler H-U (1995) Deutsche Gesellschaftsgeschichte. Dritter Band. C. H. Beck, München

Wiederin E (2015) Ernst Rudolf Huber und das Verfassungsrecht im „Dritten Reich". In: Grothe E (Hrsg) Ernst Rudolf Huber. Staat – Verfassung – Geschichte. Nomos, Baden-Baden, S 199–228

Wiederin E (2018) Die Weimarer Reichsverfassung im internationalen Kontext. In: Dreier H, Waldhoff C (Hrsg) Das Wagnis der Demokratie. C. H. Beck, München, S 45–64

Winckelmann J (Hrsg) (1988) Max Weber Gesammelte Politische Schriften, 5. Aufl. Mohr Siebeck, Tübingen

Zeh W (1978) Parlamentarismus. Historische Wurzeln – Moderne Entfaltung. R. v. Decker's Verlag, G. Schenck, Heidelberg/Hamburg

Zippelius R (1994) Kleine deutsche Verfassungsgeschichte. Vom frühen Mittelalter bis zur Gegenwart, 3. Aufl. C. H. Beck, München

Stichwortverzeichnis

A
Abgeordnete 4, 6, 8, 15, 44–48, 53, 54, 64, 66, 69
Adel 16, 62
Änderungsantrag zu Gesetzentwurf 50, 54
Angriff 68
Anordnung 15, 19, 31, 46
Ausländer 37
Auslieferungsverbot 32
Ausschuss 50, 54, 56, 68
Auswanderung 28, 32

B
Bank 28, 33, 49
Bayern 3, 28, 44
Beamtenapparat 53
Bedrohung 24, 56
Bergbau 33
Berlin 4, 8, 46
Beruf, freier 49
Beschluss 44, 45, 50, 51, 53, 63
Bildung 45
Bindungswirkung bei Gesetzen 17, 18, 20, 22, 34, 39
Bundesgesetz 36, 37, 55, 56, 67
Bundesgesetzblatt (BGBl.) 2, 56
Bundesländer 7, 14, 15, 18, 19, 21, 23, 28, 29, 31–39, 43, 50, 53, 55, 62, 67, 68, 74, 75
Bundespräsident 56, 68
Bundesrat 3–6, 13–16, 27, 29, 30, 34, 43, 44, 46, 47, 53–56, 61–64, 67, 68, 73, 75
Bundesregierung 23, 53–56

Bundesrepublik Deutschland 1, 9, 24, 34, 35, 37, 38, 75
Bundesverfassungsgericht (BVerfG) 23, 35, 38, 57, 67, 68
Bundesverfassungsgerichtsentscheidung 9, 15, 23, 35, 36, 38, 39, 54, 56
Bundeswehr (Militär) 37
Bürokratie 16, 47, 53, 64

C
CDU 69
CSU 69

D
Datenschutz 24
Demokratie 1, 9, 17, 21, 31, 35, 69, 75
Demonstration 24
Deutscher Bundestag 4, 23, 24, 34, 38, 47, 53–56, 67, 69
Deutschland 1, 2, 6, 8, 9, 15, 18, 19, 21, 23, 24, 28, 31, 34, 35, 37–39, 47, 53, 69, 75
Deutschnationale Volkspartei (DNVP) 51
Diktatur 7, 9, 75
Dreiklassenwahlrecht 4

E
Einflussnahme, politische 64–67
Einspruch 51, 52, 55
Einspruchsgesetz 55, 67
Erweiterung 2

© Der/die Herausgeber bzw. der/die Autor(en), exklusiv lizenziert an Springer-Verlag GmbH, DE, ein Teil von Springer Nature 2022
M. H. W. Möllers, *150 Jahre Gesetzgebung in Deutschland*,
https://doi.org/10.1007/978-3-662-65190-2

Europa 9, 22
Europäische Union (EU) 22, 34, 35, 38, 53, 69
Europaparlament 34, 53

F
Finanzen 45
Fischerei 49
Flüchtling 37
Formen von Gesetzen 14, 19, 22
Forschung (Wissenschaftsfreiheit) 8
Forstwirtschaft 49
Frankfurt 2
Freiheit der Person 8, 18, 38
Freiheitsgesetz 51
Freiheitsrecht 18, 22
Freizügigkeit 7, 18, 28, 32, 38
Fristversäumnis 52, 54

G
Gefahr im Verzug 19
Gefahrenabwehr (Prävention) 37
Gemeinde (= Kommune) 15, 20, 23, 55
Gemeindeverband 15, 20, 23
Gemeinsame Geschäftsordnung der
   Bundesministerien (GGO) 48, 52,
   53, 66, 69
Gemeinsamer Ausschuss 56
Gemeinwohlinteresse an der Maßnahme 1
Gericht 15, 20, 23
6.4 Gesamtergebnis 1 2 75
Geschichte 35
Gesellschaftsstruktur 16, 62
Gesetz 1, 3, 4, 6–8, 14, 15, 17–20, 22–24,
   28–30, 32, 34, 37–39, 43–53, 55, 56,
   62–67, 69, 73–75
Gesetzentwurf gegen die Versklavung des
   Deutschen Volkes 51
Gesetzesvorhaben 16, 46, 63
Gesetzesvorlage 44, 46, 48–50, 53, 54,
   56, 65, 67
Gesetzgebende Gewalt (= Legislative) 1–3,
   5–9, 13–15, 17–24, 28–32, 34, 36–39,
   43, 47, 49, 52, 53, 55–57, 61,
   63–68, 73–75
Gesetzgebungskompetenz 17, 21, 27–30,
   32–36, 53
   ausschließliche 29, 32, 34, 36, 37, 53
   konkurrierende 29, 32–34, 37, 53
   sonstige 33, 37
Gesetzgebungsnotstand 56
Gesetzgebungsverfahren 6, 8, 17, 34, 38, 39,
   49, 53, 54, 56, 57, 73–75

Gewaltenteilung 6, 18, 61, 75
Gewerbeordnung (GewO) 7
Gewissensfreiheit 19
Großstadt 38
Grundgesetz (GG) 1, 8, 9, 23, 29, 33–36, 39,
   53, 55, 56, 67, 68, 74, 75
Grundrecht 3, 6–8, 14, 18, 19, 22, 35, 39, 61,
   62, 65, 67, 73–75
Grundrechtskatalog 7, 8, 61

H
Handel 17, 28, 33, 45
Hessen 3
Hoheitsgewalt 35
Homogenitätsprinzip 21, 29, 53
Huber, Ernst Rudolf (1903-1990) 3, 5, 7, 61

I
Ideologie 14, 62
Indigenat 7, 61
Industrie 17, 49
Initiativrecht für Gesetze 48, 53, 54
Interessengruppe 64, 66, 67, 69
Interessenverband 16, 61, 62, 64, 69
Internet 24

J
Jugend 33
Justizgrundrecht 8

K
Kaiser 4, 5, 30, 31, 44, 46, 63, 64, 73
Kaiserreich 1, 4–8, 14–16, 29, 47,
   61–64, 73, 75
Koalition 74
König 3, 15, 31, 43
Krieg 4, 9, 56
Kriminalität, organisierte 24
Kriminalpolizei 37
Kritik 5
Kultur 19, 22
Kulturkampf 16, 62

L
Laband, Paul (1838-1918) 14, 30, 62
Landesregierung 19, 23, 68
Lasker, Eduard (1829-1884) 47
Legislaturperiode 47, 62, 63, 73
Leipzig 16

Stichwortverzeichnis

Lesung (= Beratung) 44, 45, 50, 54, 55, 75
Lobbyismus 61, 64–67, 69, 74
Lübeck 29

M
Massenorganisation 16, 62
Mehrheit 6, 13, 43, 44, 51, 55, 74
Meinungsfreiheit 19
Menschenrechte 22, 39, 73
Menschenwürde 39
Mitwirkungsrecht 2, 55, 68

N
Nationaler Normenkontrollrat (NKR) 53
Nationalstaat 75
Naturrecht 14, 18, 22, 62
Neugliederung, kommunale 32
Niederlassungsfreiheit 28
Notstandsverfassung 56

O
Offizierskorps 16, 62
Ökonomie 14, 18, 20, 22, 24, 38
Opposition 63
Oppositionsfraktion 54
Organ 2, 6, 34, 47, 53, 55, 61, 73

P
Parlament 2, 20, 38, 39, 47, 56, 69, 75
Partei 14, 16, 20, 24, 62, 64
Plebiszite 49
Politik 2, 14, 16, 17, 22, 43, 46, 47, 52, 56, 61, 62, 64, 65, 67, 74, 75
Polizei 30
Präsident 45
Preußen 2–5, 13, 15, 31, 43, 44, 62, 63
Prüfungsrecht 56

Q
Quorum bei Abstimmungen und Wahlen 49, 51

R
Recht auf Kriegsdienstverweigerung 37
Rechtsakt 34, 53
Rechtsmittel 52
Rechtsordnung 1, 14, 17, 18, 20, 22, 39, 74

Rechtsprechende Gewalt (= Judikative) 15, 31, 36, 67, 75
Rechtsstaat 6, 7, 39, 74, 75
Rechtsvorschrift 53
Regierung 2, 3, 6, 15, 38, 47, 49, 75
Reich 2–5, 7, 8, 13, 15–18, 20, 21, 27–34, 44, 46, 52, 62, 64
Reichsgericht 15, 16
Reichsgesetzblatt (RGBl.) 2, 8, 13, 46, 48, 49, 52, 63
Reichsorgane 52
Reichspräsident 21, 48, 49, 51, 52, 74
Reichsrat 21, 32, 48, 49, 51, 52, 65, 75
Reichsregierung 2, 19, 20, 48, 49, 52, 65, 73, 74
Reichstag 2–6, 13–16, 19–21, 27–31, 43–52, 61–66, 73, 74
Reichswirtschaftsrat 48, 49, 65
Republik 8, 35
Richterrecht 15, 16, 20, 23
Richtervorbehalt 67
Richtlinie 33, 34, 53

S
Sachsen 3, 44
Sachverhalt 56
Satzung 15, 17, 20, 23, 39
Scheuner, Ulrich (1903-1981) 6, 7
Schmitt, Carl (1888-1985) 7
Schuld 28
Selbstverwaltung 15, 20
Selbstverwaltungsrecht 23
Session 46, 63, 73
Sicherheit, öffentliche 19, 22, 33
Sittlichkeitsgebot 14, 18, 22, 62
Soldatenvereinigung Stahlhelm 51
Sozialpolitik 16, 62
SPD 16
Sperrminorität 4, 13, 30, 62
Staatlichkeit von Bund und Ländern 35
Staatsangehörigkeit (Ausbürgerung) 32
Staatsgewalt 3, 7, 8, 18, 21, 27, 31, 34, 62
Staatsrechtslehre 14, 19, 29, 62
Staatsvertrag 50
Stellungnahme 49, 54
Steuer 28, 30, 55
Strafrecht 33, 37

T
Terrorismus 24, 37
Träger der Staatsgewalt 27, 31, 47

U

Unterdrückung der Frauen 16, 62
Unverletzlichkeit der Wohnung 8, 18

V

Verband 66
Vereinigungsfreiheit 8, 19
Verfassung 2–4, 6–9, 13–15, 17–19, 21–23, 27–32, 35, 39, 50, 51, 53, 55, 57, 62, 67, 68, 73–75
Verfassungsänderung 4, 13, 14, 21, 27–30, 39, 49, 51, 55, 62, 67, 68
Verfassungshomogenität 35
Verfassungsrecht 7, 32, 68
Verfassungswidrigkeit 36
Vermittlungsausschuss 55, 56
Verordnung 8, 15, 17, 19, 20, 30, 34, 53, 66
Versammlung 4
Versammlungsfreiheit 8, 19
Versuch 54
Verwaltung 3, 14, 16, 18, 22, 30, 31, 39, 53, 64, 69, 75
Verwaltungsverfahren 55
Verwaltungsvorschrift 15, 17, 19, 20, 28
Völkerrecht 18, 22
Volksbegehren 31, 48, 49, 51, 65, 66
Volksentscheid 21, 31, 48, 49, 51, 52, 65, 74
Volksgesetzgebungsverfahren 49
Volksinitiativrecht 49, 50
Volkssouveränität 2, 21, 31, 34, 75
Vollziehende Gewalt (= Exekutive) 3, 7, 36, 62, 64, 66, 67, 74, 75
von Liebe, Friedrich (1809-1885) 47
Vorvolksabstimmung 52

W

Wahlperiode 54
Wahlrecht 4, 28, 34
Weimarer Reichsverfassung (WRV) 1, 8, 9, 17–21, 29, 31–33, 48–52, 65–67, 74, 75
Weimarer Republik 1, 18–20, 24, 66, 74
Wesentlichkeitstheorie 38
Widerspruch 36
Wissenschaftsfreiheit 8, 19
Württemberg 3, 28, 44

Z

Zivilrecht (Privatrecht) 28
Zuständigkeitsverteilung von Gesetzen 36
Zustimmungsgesetz 55
Zuwanderung 4

GPSR Compliance

The European Union's (EU) General Product Safety Regulation (GPSR) is a set of rules that requires consumer products to be safe and our obligations to ensure this.

If you have any concerns about our products, you can contact us on

ProductSafety@springernature.com

In case Publisher is established outside the EU, the EU authorized representative is:

Springer Nature Customer Service Center GmbH
Europaplatz 3
69115 Heidelberg, Germany

www.ingramcontent.com/pod-product-compliance
Lightning Source LLC
LaVergne TN
LVHW011008250326
834688LV00004B/135